すぐわかる！できる！
アクティブ・ラーニング

西川 純 JUN NISHIKAWA

学陽書房

まえがき

　本書をいま手に取っている方は、かなりアンテナの高い方だと思います。なぜなら「アクティブ・ラーニング」について学ぼうとしている方だからです。日本中の多くの教師は「アクティブ・ラーニング」という言葉自体を知らないか、もしくは、知っていたとしても「ま、たいしたことはない」と思っているからです。
　しかし、あなたは「それでは済まない」ということをどこかで読んだか、あるいは文部科学省の考え方に精通している方から情報を得ているのだと思います。
　あなたは「正しい」です。

　これから起こるアクティブ・ラーニングに関わる一連の騒動は、勤務校の最年長の先生も経験のないことです。おそらく明治初頭の学制発布、終戦後の民主教育への転換に続く、日本教育の3番目の大転換になる可能性があるからです。少なくとも文部科学省はそうしようと考えています。
　いままで文部科学省は日本の教育を変える際、学習指導要領を改訂してきました。文部科学省の伝達講習に都道府県の担当者が参加し、それに基づき各校へ学習指導要領の趣旨が伝えられ、そして各校ではそれを「無視」してきました。
　教育困難校の場合は「そんなこと言ってられる状態ではないんだよ」、そして進学校や中堅校では「大学入試が変わらなければどうしようもないよね」と言って無視しました。でしょ？
　しかし、今回のアクティブ・ラーニングでは、大学入試を変えること

によって改革を徹底するという、いままで一度もやったことのないことを文部科学省はやろうとしています。

　待ったなしです。

　大学入試が変わることによって、アクティブ・ラーニングは、まず最初に高校で広がります。いままでの授業スタイルを捨てねばなりません。かなり大変だと思います。しかし、文部科学省は大学改革、大学入試制度改革、高等教育改革においてアクティブ・ラーニングの導入を決定しました。アクティブ・ラーニングをする以外の選択肢は、我々教師にはありません。それはご存じのとおりでしょう。
　アクティブ・ラーニングを取り入れるのは大変です。しかし、アクティブ・ラーニングによって教師としての専門性とは何かを問い直すきっかけになります。そして、一流の教師の職能を獲得できます。

　本書では、なぜいまアクティブ・ラーニングか、どのようにアクティブ・ラーニングを実践したらいいかをご紹介しましょう。
　なお、アクティブ・ラーニングの背景を知りたい方は、本書巻末の読書ガイドをご覧ください。
　さあ、始めましょう。

上越教育大学教職大学院教授
西川　純

一斉授業と
アクティブ・ラーニングの違いって？

▶ 一斉授業の場合

- 教師が一方的に講義をし、子どもは静かに座っているのが望ましい。
- 教師のペースで授業が進む。子どもは黙っている。
- わからない子がいても授業は進む。

▶ アクティブ・ラーニングの場合

- 教師は課題を与え、子どもは子ども同士で教え合い、学び合う。
- 子どもは能動的に動き、他の子に教えたり、質問したりする。
- わからない子は、わかるまでクラスメートに聞くことができる！

アクティブ・ラーニングの授業を見てみよう！

① 授業開始 ✓

ここは高校の教室。
授業開始です。
まず、教師が手短にこの授業時間での課題と目標を伝えます（5分以内で）。課題は黒板に板書したり、プリントを渡したりして、子どもが明確にわかるようにします。

② 「さあ、どうぞ！」で動き始める ✓

「さあ、ではどうぞ！」の教師の声で子どもたちが動き始めます。子どもが課題に取り組む活動時間を最大限確保することが大事です。活動時間が長いほど学習効果は倍増します。

❸ グループが生まれる

子どもはまず思い思いのグループをつくり、最初は自分で課題を解き始めます。

だんだん、「わからないから教えて」「ここってどうするの？」など、子ども同士で学び合ったり、教え合ったりし始めます。

④ どんどん関わり合いが増えていく！

> どんどん関わり合いが増えていきます。

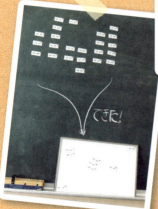

> 子どもの誰ができていて、誰ができていないかを子ども同士でわかって助け合えるように、ネームプレートを使ったりして可視化します。

> どんどん子どもの動きがダイナミックになり、さまざまに子どもが動いて、いろんな子ども同士の関わり合いが生まれていきます。耳を傾けると、しっかり課題の話をし合っています。

❺ 全員が達成したか振り返る

最後に全員が課題を達成できたかどうかを振り返ります（５分以内で）。
「次は達成するために、どう動いて助け合ったらいいのか考えよう！」
と教師は子ども自身に次への戦略を考えさせる投げかけをします。

こうしたアクティブ・ラーニングの授業を繰り返すうちに、子どもはどんどん全員達成のための戦略を考えるようになり、わからない友だちに教えるために予習してくる子まで出てきます。
そして、全員の成績がぐんぐん上がり、他者と関わり合いながら課題発見したり、課題解決する力がみるみる伸びていきます。

アクティブ・ラーニングの授業は実はカンタンに取り組めます！
ぜひ本書を読んで、トライしてみてください！

目　次

まえがき —— 2

第1章 なぜいまアクティブ・ラーニングなのか？ —— 15

アクティブ・ラーニングとは何か？ —— 16
アクティブ・ラーニングは何でもアリではない —— 18
アクティブ・ラーニングは避けて通れるか？ —— 20
今回の答申は、現在の教育へのレッドカード —— 22
既に改革は始まっています —— 24
日本の将来を見据えた教育改革 —— 26
経済界が求めている次世代を生き抜く人材像 —— 28
単純で効果が早く出ることをすべき —— 30
『学び合い』による
　　アクティブ・ラーニングってどんなもの？ —— 32
アクティブ・ラーニングで授業はこんなに変わる！ —— 34
サポート体制のある
　　アクティブ・ラーニングを選ぼう —— 36
　　コラム 当たり前のこと —— 38

第2章 アクティブ・ラーニングの実際 —— 39

アクティブ・ラーニングの授業イメージ —— 40

アクティブ・ラーニング授業への子どもの反応 —— 42

アクティブ・ラーニングのテクニック —— 46

アクティブ・ラーニングで教師がすべきこと —— 48

アクティブ・ラーニングでの、
　目標・授業・評価の一致 —— 50

アクティブ・ラーニングが重視している「倫理」 —— 52

成功するアクティブ・ラーニングの考え方 —— 54

部活指導で起こっていること —— 56

成功する
　アクティブ・ラーニングのコツは部活指導と同じ —— 58

部活と同じように、子どもに任せることが重要 —— 60

合同のアクティブ・ラーニングは受験にも最適！ —— 62

合同のアクティブ・ラーニングは教師も育てる —— 64

　コラム 立っているだけで語る授業 —— 66

第3章 アクティブ・ラーニングはなぜ有効か —— 67

アクティブ・ラーニングで明確に成績が上がる —— 68
子ども同士の説明のほうがわかる —— 72
学力向上の最大のポイント —— 74
アクティブ・ラーニングでは全員が学びに参加する —— 76
成績を上げるアクティブ・ラーニングの指導 —— 78
子どもに時間を与えるほど成績が上がる —— 80
　コラム 削りこむと核心が見えてくる —— 82

第4章 これから求められる教師の職能とは？——83

アクティブ・ラーニングは時代の必然 —— 84

よい子の反乱 —— 86

アクティブ・ラーニングが教師を救う —— 88

これからの教師の職能 —— 90

　　読書ガイド〜あとがきにかえて —— 93

第1章

なぜいまアクティブ・ラーニングなのか？

　みなさんはアクティブ・ラーニングを学ぼうとしています。では、その最初に学ぶべきものは何でしょうか？　みなさんが学校教育の教師であるならば、それは公文書なのです。公文書をしっかりと読み、絶対に押さえなければならないところを知る必要があります。それを知ることによって、逆に、自分の創意工夫が可能なところはどこかを知ることができます。公文書は美辞麗句、建前論、そして「どうでもいいこと」と映るかもしれません。しかし、そう考えるのは間違いです。公文書は考え抜かれた文章です。本質を見抜きましょう。

アクティブ・ラーニングとは何か？

▶ 「アクティブ・ラーニング」は新しい言葉です

　アクティブ・ラーニングは造語で、今回、初めて生まれた言葉です。もしかしたら世界中の学術論文を読めば、そのような言葉はあるかもしれません。いや、あるでしょう。しかし、それらは今回のアクティブ・ラーニングとはほとんど無関係です。

　みなさん大学の教職科目の講義を思い出してください。アクティブ・ラーニングという言葉が講義で出たことがありますか？　おそらくないと思います。そんな程度のアクティブ・ラーニングに一国の教育を国が任せると思いますか？　絶対にあり得ません。

　しかし、文部科学省は、平成24年8月28日に発表した**『新たな未来を築くための大学教育の質的転換に向けて～生涯学び続け、主体的に考える力を育成する大学へ～（中央教育審議会答申）』**で、学校教育へのアクティブ・ラーニングの導入を明確に打ち出しました。

　最初に理解してほしいのは、国が公文書で「～である」と断言するのは、かなりの準備と決意があってのことだということです。なぜならば、その結果に責任を負うことになるからです。たとえば、文部科学省が何らかの学習法を強いて、結果が出なかった場合、国会で追及されるのは文部科学大臣であり、文部科学省なのです。ですから、通常は断言することをできるだけ避けます。

　中央教育審議会の答申、学習指導要領等の文部科学省が発する公文書には美辞麗句が多く、毒にも薬にもならない言葉の羅列のように読めま

す。その結果、「ま、そこそこやればいいんでしょ」と受けとめる人も少なくありません。しかし、美辞麗句のなかから断言している部分を拾い出せば、その文章の真の意味を読み取ることができるのです。

　今回の答申で、アクティブ・ラーニングとして求められていることは、ほとんど「生きる力」や「言語活動の充実」と重なっています。しかし、「言語活動」という言葉を使ったために、「国語や英語だけでやればいい」という誤った風潮が生まれてしまいました。そこで、文部科学省は今回、大きく改革を行うにあたって、手垢のついていないアクティブ・ラーニングという言葉を使ったのです。

　つまり、みなさんが「アクティブ・ラーニングって何？？？」と思ったとしたら、文部科学省の狙ったことがドンピシャリであることを示しています。

▶ アクティブ・ラーニングの文部科学省の定義とは？

　いま、みなさんは「法」で定められた学校教育でのアクティブ・ラーニングを学ぼうとしているのですよね？　それを知りたいならば、公文書を最初に読まなければなりません。

　アクティブ・ラーニングの公文書における定義は、**『新たな未来を築くための大学教育の質的転換に向けて～生涯学び続け、主体的に考える力を育成する大学へ～（中央教育審議会答申）』**の用語集に書いてあります。

　この公文書は、2020年からの大学入試改革について書かれたものです。つまり、大学教育及び大学入試に関する答申に書かれていることが、アクティブ・ラーニングの意味しているところの深い部分ですが、それはさておいて、本章では、文部科学省が発表した「アクティブ・ラーニング」の定義と意図を簡単にご紹介しましょう。

※なお、本書中、「学習」ではなく「学修」の言葉を使用しているのは上記の答申の用語の使用に基づくものです。

アクティブ・ラーニングは何でもアリではない

▶ アクティブ・ラーニングの定義とは？

まず文部科学省の発表しているアクティブ・ラーニングの定義を読みましょう。定義は以下の通りです。

> 　教員による一方向的な講義形式の教育とは異なり、学修者の能動的な学修への参加を取り入れた教授・学習法の総称。学修者が能動的に学修することによって、認知的、倫理的、社会的能力、教養、知識、経験を含めた汎用的能力の育成を図る。発見学習、問題解決学習、体験学習、調査学習等が含まれるが、教室内でのグループ・ディスカッション、ディベート、グループ・ワーク等も有効なアクティブ・ラーニングの方法である。

まず注目してほしいのは、具体的な方法に関しては、発見学習、問題解決学習、体験学習、調査学習、教室内でのグループ・ディスカッション、ディベート、グループ・ワークが列記され、最後に「等」がつけられています。そして、「教授・学習法の総称」とまとめています。つまり、何でもアリ、なのです。

先に述べたように、方法に関して断言することを避けているのです。

押さえねばならないポイントとは？

　しかし、本当は何でもアリではありません。「教員による一方向的な講義形式の教育とは異なり、学修者の能動的な学修への参加を取り入れ」なければなりません。そして、「認知的、倫理的、社会的能力、教養、知識、経験を含めた汎用的能力の育成」をしなければならないのです。

　たとえ、発見学習、問題解決学習、体験学習、調査学習、教室内でのグループ・ディスカッション、ディベート、グループ・ワークであっても、**「教員による一方向的な講義形式の教育とは異なり、学修者の能動的な学修への参加を取り入れ」ていなければアウト**なのです。

　たとえば、教師が綿密に計画を立て、お膳立てをし、子どもは教師の思った通りに動く、現状の発見学習、問題解決学習、体験学習、調査学習、教室内でのグループ・ディスカッション、ディベート、グループ・ワークはアウトなのです。

　現状の発見学習、問題解決学習、体験学習、調査学習、教室内でのグループ・ディスカッション、ディベート、グループ・ワークは、認知的能力の成長を願っているか、倫理的、社会的能力の成長を願っているかのいずれかだと思います。たとえば、電流と電圧の関係を発見学習で学んでいるとき、子どもの倫理的能力の成長は期待していないのが一般的です。しかし、**「認知的、倫理的、社会的能力、教養、知識、経験を含めた汎用的能力の育成」をしなければアウト**なのです。

　こう考えれば、何でもアリのように見せかけていますが、実は何でもアリではないのです。

アクティブ・ラーニングは避けて通れるか？

▶ 大学入試と連動しているから避けて通れない！

　文部科学省は今回のアクティブ・ラーニングの導入について、大学入試を変えることによって徹底するという、いままでやったことのないことをやろうとしています。『**新しい時代にふさわしい高大接続の実現に向けた高等学校教育、大学教育、大学入学者選抜の一体的改革について（以下 答申）**』では以下のように書かれています。

> 　18歳頃における一度限りの一斉受験という特殊な行事が、長い人生航路における最大の分岐点であり目標であるとする、我が国の社会全体に深く根を張った従来型の「大学入試」や、その背景にある、画一的な一斉試験で正答に関する知識の再生を一点刻みに問い、その結果の点数のみに依拠した選抜を行うことが公平であるとする、「公平性」の観念という桎梏(しっこく)は断ち切らなければならない。（中略）
> 　「1点刻み」の客観性にとらわれた評価から脱し、各大学の個別選抜における多様な評価方法の導入を促進する観点から、大学及び大学入学希望者に対して、段階別表示による成績提供を行う。

▶「1点刻み」を明確に否定し、「人が人を選ぶ」個別選抜へ

　答申によれば、センター試験の廃止後、「高等学校基礎学力テスト（仮称）」と「大学入学希望者学力評価テスト（仮称）」が導入されます。「大学入学希望者学力評価テスト」はPISA型の作問イメージが想定されているため、正解のない質問に論理立てて答えるという、詰め込み型教育だけでは答えられない方向性がより強まる予定です。

　さらに、テストの点数の扱い方が違います。いままでのセンター試験では「1点刻み」の結果が受験校に行きます。1点刻みであれば、同一点数の受験者は多くはなく、ある点数以上を全員合格にできます。

　しかし、段階別表示となれば、仮に10点刻みにすれば、その段階の受験者は単純計算で10倍、合否ラインの段階ではさらに膨大になるはずです。とすれば、合否ラインの段階の受験者を全員合格させれば定員大幅超過、逆に全部不合格にすれば大幅な定員割れとなり、結果として新テストは足切りには使えますが、それだけで合否を決められません。

　そこで答申では、各大学で独自の入試ポリシーを決めて、それと対応する試験をすることを求めています。その方法は**「小論文、面接、集団討論、プレゼンテーション、調査書、活動報告書、大学入学希望理由書や学修計画書、資格・検定試験などの成績、各種大会等での活動や顕彰の記録、その他受検者のこれまでの努力を証明する資料などを活用する」**と書かれています。つまり、これが合否を定めるのです。

　さらに答申では「「人が人を選ぶ」個別選抜」の確立を謳っています。これからの入試は1点刻みでの選抜ではなく、一定の成績の膨大な人数から、より「思考力・判断力・表現力」をアクティブ・ラーニングで鍛えてきた人が選ばれるようになるのです。

今回の答申は、現在の教育へのレッドカード

▶ 英語の評価をアウトソーシング可とした答申

　この答申をすべて読めば、これが、これまでの教育に対しての強烈なレッドカードであることがわかります。答申はインターネットでも広く公開されているので、ぜひ通読をお勧めします。

　たとえば、英語に関して以下のように答申で書かれています。

> 　特に英語については、四技能を総合的に評価できる問題の出題（たとえば記述式問題など）や民間の資格・検定試験の活用により、「読む」「聞く」だけではなく「書く」「話す」も含めた英語の能力をバランスよく評価する。また、他の教科・科目や「合教科・科目型」「総合型」についても、英語についての検討状況も踏まえつつ、民間の資格・検定試験の開発・活用も見据えた検討を行う。

　これは何を意味しているのでしょうか？
　簡単に言えば、民間の資格・検定試験で高い点数を取れば、大学入試で英語は免除されるということです。つまり、学校の英語科目の成績は大学入試には無関係だということです。

▶ いまの東京大学の学生の水準を上回る英語力が求められる

　たとえば、TOEFLはアメリカの大学で学ぼうとする非英語圏の国の人の英語能力を測定するテストです。それは日本の英語教育とはかけ離れています。TOEFLは、より思考力を問われる問題が出題されます。単独で語彙・文法知識を問う問題はありません。すべてまとまりのある文を読むこと、聞くことで答える形式です。また、最大の特徴は、技能統合型の問題だということです。読んで、聞いて書く・聞いて話す設問があります。単なる知識ではなく、情報を整理して、言語化し、理解しやすい表現ができる能力が求められます。

　テスト時間は4時間半ぐらいで体力も必要です。

　また、かけ離れているのはまず語彙です。出題される英文は英語圏の大学の○○学概論にあたるようなものだからです。リスニングはほぼナチュラルスピードで話され、量も多いです。ライティングでは300ワードの英文を書かなければならず、スピーキングも英検のような定式ではなく、しかも1分近く話し続けることを求められます。

　聞いているだけで頭が痛くなると思います。**東京大学の学生の平均点が120点満点で約60点なのです。アメリカの一般大学では80点以上を求め、一流大学では100点以上を求めています。つまり東京大学の学生でさえ大部分は不合格ということです。**

　答申の主旨を簡単に言うと、現状の英語教育に対してレッドカード（退場）を出したのです。

既に改革は始まっています

▶ スーパーグローバルハイスクール設置

　中学校、高校の教師であればスーパーグローバルハイスクール（SGH）のことはご存じだと思います。平成26年から始まった制度です。地元でも何校か設置されたのではないでしょうか？　とはいえ、「英語で授業する学校なんでしょ」ぐらいの認識ではないでしょうか。

　SGHは単に英語を学ぶための高校ではありません。国際的に活躍できる人材を育成することを目的としているのです。そこでは語学力はもちろん、コミュニケーション力、問題解決力を育成することを目的としています。そこでの授業は「教員による一方向的な講義形式の教育とは異なり、学修者の能動的な学修への参加を取り入れた教授・学習法の総称。学修者が能動的に学修することによって、認知的、倫理的、社会的能力、教養、知識、経験を含めた汎用的能力の育成」をしなければならないのです。

　しかし、正直な気持ちとして、「高校生がそんなことまでしなくてもいいじゃない。高校生は基礎、基本をしっかりと教えてもらわなければ」と思う方がおられると思います。ですが、SGHが設置されたのには理由があるのです。

▶ スーパーグローバル大学

　みなさんはスーパーグローバル大学創成支援事業というのが平成26年

(つまりSGHと同じ年)に始まったのはご存じでしょうか？　トップ型（世界大学ランキングでトップ100を狙う大学）とグローバル化牽引型（日本の大学のグローバル化を牽引する大学）を選定し、そこに予算を重点的につぎ込みます。

　平成26年度はトップ型として、北海道大学、東北大学、筑波大学、東京大学、東京医科歯科大学、東京工業大学、名古屋大学、京都大学、大阪大学、広島大学、九州大学、慶應義塾大学、早稲田大学の13校が、またグローバル化牽引型として、千葉大学、東京外国語大学、東京藝術大学、長岡技術科学大学、金沢大学、豊橋技術科学大学、京都工芸繊維大学、奈良先端科学技術大学院大学、岡山大学、熊本大学、国際教養大学、会津大学、国際基督教大学、芝浦工業大学、上智大学、東洋大学、法政大学、明治大学、立教大学、創価大学、国際大学、立命館大学、関西学院大学、立命館アジア太平洋大学の24校が選ばれました。

　以上の大学ではアクティブ・ラーニングを大学の講義に取り入れること、また、入試においてもアクティブ・ラーニングで育つ能力を評価することが求められます。

　さて、先に挙げた大学が、アクティブ・ラーニングで育つ能力で入試の選抜をするようになると、どのようなことが起こるでしょうか？　高校教育にどれほどの激変が起こるでしょう。当然、そのような教育に耐えられる入学者を確保しなければなりません。それがSGHなのです。

　中央教育審議会は何度も日本の教育を変革することを求める答申を出しました。そして、それに基づく学習指導要領が作成されました。しかし、それが学校現場に定着したとは言いがたいと思います。そこで今回は「禁じ手」を使ったのです。それが入試改革です。

日本の将来を見据えた教育改革

▶ レッドカードを突きつけられた学校現場

　前節を読んでどう思われたでしょうか？「そんなバカな」と思われたでしょう。しかし、それが現実なのです。

　10年以上前から中央教育審議会は「生きる力」、「言語活動の充実」等のさまざまな言葉で学校現場に変革を求めました。しかし、国から都道府県に伝達される段階で、有名無実の骨抜きにされてきました。無理もありません。常識的な教師（つまり日本中のほとんどの教師）であればそうします。そして、それによって日本の教育が大事にしてきた不易なものは守られたのです。

　しかし、今回は文部科学省はレッドカードを学校現場に突きつけたのです。そして都道府県ではコントロールできない大学入試を変えることで、小中高を変えようとしているのです。残念ながら都道府県教育委員会、学校、教師から、判断し決定する権限は剥奪されたのです。

　しかし、中央教育審議会のメンバーがそのように考える理由も理解してほしいと思います。仕方がないのです。

▶ これからの子どもたちが生きる世界

　ドラッカーはその社会のあり方は年齢別の人口の割合で決まると看破しています。私もそう思います。みなさんご存じの通り、日本は少子高齢化社会です。

好むと好まざるとにかかわらず、近い将来、外国人を日本に受け入れなければならないのです。そして、日本人は小さくなった国内市場ではなく、国外へ働きに出なければなりません。いままで日本は商品を海外に輸出していましたが、人が外に出ることが一般的になるのです。つまり、いままでとは違い、異なる常識や前提を持つ人たちと関わっていかねばならないのです。「黙っていても相手はわかる」は成り立ちません。主体的に異質な人と関わる能力が必須になります。

▶ いまある仕事の半数以上がなくなる

　一次産業においては人の仕事は「機械」に置き換わりました。機械からロボットになるに従って、二次産業までが機械に置き換えられました。最初は工場での決まりきった繰り返しの作業を機械が担当していましたが、人工知能の発達によって機械ができる範囲は広がっています。人工知能は急激に発達しています。いまの段階でも電話応対ができるソフトは開発されています。今後、さらに三次産業でも機械の仕事の範囲は広がるでしょう。
　いま目の前にいる子どもたちは、卒業後、40～50年、社会で仕事をします。そのときに生き残る仕事は何なのでしょうか？　各種の調査では、いまある仕事の半数以上は遠からずなくなると予想しています。では、子どもたちが生活するためにどんな能力が必要なのでしょうか？
　残念ながら我々教師はその視点でものを考えていませんでした。自分が学んだことを教えていれば、子どもの将来につながるとぼんやりと考えていたと思います。事実、我々はそれでいまを生きているのですから。しかし、目の前の子どもはそうはいかないのです。

経済界が求めている次世代を生き抜く人材像

▶ 子どもたちに将来必要となる力とは

　子どもたちが大人になったとき、どんな力が必要でしょうか？　先に述べたように我々教師はそれを真剣に考えていませんでした。

　しかし、それを「我がこと」として真剣に考えている人たちがいます。誰でしょうか？　それは経済産業界の人たちなのです。その人たちはこれからの社会を生き残る能力を持つ人材がいなければ自分たちが生き残れないのです。よって抽象論ではなく具体的に真剣に考えているのです。

　経団連（日本経済団体連合会）は平成23年1月18日に『**産業界の求める人材像と大学教育への期待に関するアンケート結果**』を発表しました。そのなかで社会人に求められる基礎的な能力（社会人基礎力）として「主体性、コミュニケーション能力、実行力、協調性、課題解決能力等」を挙げています。

　それを受けて、経団連は平成25年6月13日に『**世界を舞台に活躍できる人づくりのために**』という提言を発表しました。そのなかでは「グローバル人材のベースとなる社会人に求められる基礎的な能力（主体性、コミュニケーション能力、課題解決能力等）は、初等中等教育段階からしっかりと身につけさせる必要がある」と求めています。

　経済同友会が平成27年4月2日に発表した『**これからの企業・社会が求める人材像と大学への期待**』では大学教育に関して、「アクティブ・ラーニングの導入によるコミュニケーション能力の向上」「様々な社会活動体験の増加：留学、インターンシップ、ボランティア」「学生の能

動的な学びによる学修時間の拡充」を求めています。

▶ 教師も変わらなければならない時代に

　いかがでしょうか？　現在進行しているアクティブ・ラーニングへの流れの源は経済産業界にあり、その根本は日本の生き残りにあることを理解していただけたと思います。

　したがって、もはや「文学作品における深い読み」「天体の動きに関して視点移動の能力が必要」「論理的思考能力育成」といった言葉でこの教育改革に太刀打ちすることはできません。

　我々教師がグラウンドに戻ってもう一度プレーするには、子どもたちが将来生きる社会を明確にイメージし、それに必要な能力は何かを教師以外の人に説得できるようにならねばならないのです。そして、そうしなければなりません。

　なぜなら、我々こそが子どもの前に立って教育しているからです。

　だから、我々が変わらなければ、子どもたちの未来はありません。

　私は声を大にして言いたいのです。
「まずは教師がしっかりと基礎・基本を教えなければならない」「こう教えれば子どもはわかるはずだ」というレベルの発想から脱してほしい。

　教科内容だけを教えるということから教師の役割を考えるのではなく、「子どもたちにとって一生涯にわたる幸せとは何か」という発想を出発点にした教育論と、その教育論に基づいた実践が必要なのです。

単純で効果が早く出る
ことをすべき

▶ 単純で早く効果の出るアクティブ・ラーニングをやろう

　アクティブ・ラーニングは、2016年末の新学習指導要領の答申で明確に打ち出され、翌年には告示、その後実施へと流れが決まっています。アクティブ・ラーニングには対応するしかありません。

　やることを前提として、教師向けに紹介されるアクティブ・ラーニングを調べてみると、なかには、綿密な数十ステップに及ぶ手立てがあり、それで子どもたちがアクティブに学ぶというものもあります。

　しかし、あなたお一人ならばやるかもしれませんが、同僚の先生方はどうでしょう？　そんな手順を追って指導すると思いますか？　しかも、手順を踏んで効果が出るのは半年後、では続かないですよね。

　学校として取り組むアクティブ・ラーニングはもっと単純で効果が早く上がるものでなければなりません。

▶ そもそもアクティブ・ラーニングで意図していることは？

　そもそもアクティブ・ラーニングとは何かを思い出してください。それは「教員による一方向的な講義形式の教育とは異なり、学修者の能動的な学修への参加を取り入れた教授・学習法の総称」です。

　さらに『**新たな未来を築くための大学教育の質的転換に向けて（中央教育審議会答申）**』で、大学教育と連携と役割分担をすることによって、初等中等教育において育てる能力として言及されている内容は以下の通

りです。

> - 知識や技能を活用して複雑な事柄を問題として理解し、答えのない問題に解を見出していくための批判的、合理的な思考力をはじめとする認知的能力
> - 人間としての自らの責務を果たし、他者に配慮しながらチームワークやリーダーシップを発揮して社会的責任を担いうる、倫理的、社会的能力
> - 総合的かつ持続的な学修経験に基づく創造力と構想力
> - 想定外の困難に際して的確な判断をするための基盤となる教養、知識、経験

　これらは子どもたちが、大人として生活する数十年後の世界を生きるために必要な能力です。これは「教師が定めた多段階の方法」で育てられるようなものではありません。もし仮に「教師による綿密なステップ」でアクティブ・ラーニングをやらせたとしても、子どもたちはその方法を社会人になってから使えません。なぜなら、そんな綿密な計画を立てる上司はいないからです。

　考えてみてください。あなたの学校の校長が、職員のスキルアップのために、数十のステップを職員に強いたとしたら。

　もちろん、子どもは大人と違います。ではどうしたらいいでしょうか？　とにかく任せてみることです。そして、失敗しやすい状況を「わざと」つくり、教師の目の前で子どもに失敗させます。その失敗の経験を基に、彼ら自身が失敗を乗り越える能力を獲得するのがアクティブ・ラーニングであると思います。

　しかしながら、「そんな、結果も見えずにいきなり、子どもに任せられない」という人には、すぐ効果の出るアクティブ・ラーニングの、確立された手法が必要だと思います。その一つが『学び合い』です。

『学び合い』による
アクティブ・ラーニング
ってどんなもの？

▶『学び合い』ってどんな授業？

　『学び合い』は、子ども同士で教え合い、学び合い、自発的に学習していく授業です。

　『学び合い』では、まず、教師が子どもたちにその時間内で達成すべき課題を与えます。また、その課題を「クラス全員」が達成することを求めます。

　そして、子どもたちは課題達成のために、立ち歩いて他の子どもたちにわからないところを聞いたり、また、わからない子に教えたりするため、授業中に動き回ります。

　いままでもミニ先生、班学習、ペア学習などの子どもたちのコミュニケーションを中心とした授業はありましたが、『学び合い』はそれにとことんこだわって発展させた授業です。

▶『学び合い』授業の具体的な様子はどんなもの？

　『学び合い』の授業では、最初の5分間で、教師がその時間の課題を子どもたちに説明します。

　たとえば、「算数の32ページの1の問題を解き、その解き方を、全員が、他の人に説明できるようになる」というような課題を与えます。

　そして、「授業中、歩き回ったり、話し合ったりしてOKです。自分から行動して、他の人に解き方を教えてもらったり、わからない人に教

えてあげたりして、全員が課題を達成できるようにしましょう。さあ、始めてください」と子どもたちを促します。

　子どもたちはまず自分で問題を解き始めます。そのうち、子どもたちが立ち歩き始めます。問題が解けた子がわからない子に教えに行ったり、わからない子ができている子に聞きに行ったり、活発な動きがみられるようになります。子どもたちは動き回り、たくさんコミュニケーションをとることで、「全員が課題を達成する」ことを目指します。

▶ 何より「一人も見捨てない」ことを重視

『学び合い』で一番大事にすることは、「一人も見捨てない」で「全員が課題を達成する」ということです。

　この「一人も見捨てない」ということを、単なるお題目にせずに、具体的な場面で徹底することが『学び合い』の一番大事なポイントとなります。

　クラスのほとんどができていてもダメなのです。本当に全員なのです。一人でも見捨てるクラスは、二人、三人と見捨て始め、最後には崩壊します。

　授業中や休み時間、ことあるごとに、「全員が課題を達成することが一番大事」「一人も見捨てないことが一番大事」であることを、教師は子どもたちにぶれずに繰り返し伝え続けます。

　実際に、教師自身が本当にそれを大事にする態度を示し続けると、子どもは確実に変化し、やがてクラスの人間関係にも、成績にも成果は現れてきます。

アクティブ・ラーニングで授業はこんなに変わる！

　アクティブ・ラーニングとして、『学び合い』に取り組んだ教師の多くが実感している効果としては、以下のことが挙げられます。

●成績向上
　成績が上がります。なぜならわからないまま教師の話を黙って聞いているよりも、「わからないから教えて」とわかるまで友達に聞けるほうが、圧倒的に理解が進むからです。

●人間関係
　人間関係が改善されます。子ども同士のもめごとが激減し、いざこざを子どもたち自身で解決できるようになります。

●不登校
　クラスの人間関係がよくなると不登校は解決します。『学び合い』に取り組み始めた多くのクラスで、実際に不登校の問題がなくなっています。

●特別支援
　自閉症、アスペルガー症候群、学習障がい、ADHD……といった障がいは、一人ひとりの持つ特性が違うため、それぞれ対応が異なります。教師が数冊の本を読んだり、数回の研修を受けたからといって専門家のような対応ができないのは当然です。しかし、『学び合い』は、特別支援教育を必要とする子どもの存在を、教師・クラスメートが特別視しない状態にすることができます。さらに、特別支援の必要な子もそうでな

い子も心地よく日々を過ごすことができるようになります。

　人の相性は不思議なものです。教師がどんなに本を読み、研修を受けても関係が築けないような子どもであっても、その子と関係を築ける人がいるものなのです。その人がクラスでたったひとりの教師である可能性と、数十人の子どもたちのなかにいる可能性とでは、どちらのほうが高いでしょうか？

　相性だけはどうすることもできません。関係を築けない教師がいたとしても、その人の能力が低いわけでも、ましてや努力が足りないわけでもありません。特別支援で問題になるのは、できる確証もなく教師がひとりで問題を抱え込んでしまうことです。『学び合い』では「クラス全員」で支えます。さらに言えば、特別支援の子を見捨てないクラスにおいては、他の子が自分も切り捨てられないという安心感を得ることができます。

●**余裕を持てる**

　学校のなかで最も「ゆとり」を必要としているのは教師です。『学び合い』は、そのゆとりを教師に与えることができます。なぜなら、教師が追い立てられるようにしていたことのほとんどは、まったく不必要になるからです。その分、じっくりと、ゆったりと子どもを見ることができます。いままで見えなかった子どものよさを感じ、教師であることを楽しめます。

●**すぐに効果が出る**

　以上に挙げた効果は、多くの教師にとっては「理想の境地」ではないでしょうか？　しかし、本書の２章に書かれた方法で確実にやれば、比較的早い段階でも３時間もあれば十分に実感できるはずです。最長でも２週間でできます。「そんなバカな」とお思いでしょう。しかし、理由があります。その理由は読み進めばわかると思います。要は発想の転換なのです。

サポート体制のある アクティブ・ラーニング を選ぼう

▶ 新しい手法に取り組むならマニュアルが必要

　新しい授業法を学ぶとき、理論はあっても、実践となるといろいろなところで悩みます。「授業をどう進めればいいの？」「課題はどうつくればいいの？」「子どもに何と言えばいいの？」「評価はどうすべき？」というところはまず気になるところです。また、自分のクラスのなかに教師に反抗的な子どもがいたり、特別支援の必要な子どもがいたりするとき、その子に対してどのように対応すればよいのかがわからなければ、新たな指導法に取り組むことはできません。

　それらを指導法の創始者、その高弟に毎回聞けるわけがありません。したがって、具体的なマニュアルが必要です。それには以下のような条件が必要です。

① 読みやすいマニュアルであること。横文字が羅列されている専門書のような本は忙しい教師は読みません。
② 実際に授業をするときに疑問に思うようなことが網羅的にそろっている。
③ だからといって、単元別、学年別にそれぞれ分かれているマニュアルではなく、普遍的に使えるマニュアル。単元別、学年別の全数十冊のマニュアルは、たまにそれをコピーするような使い方には有効ですが、安定して使うとしたら限られた冊数で実践できるマニュアルが必要です。

④　教科横断的なマニュアルであること。教科担任制の中学校、高等学校で、学校全体で取り組むとき、教科を超えて同じベースで話し合えるものがなければなりません。

▶ たくさんの実践者のいる方法を選ぼう

　地元の大学の先生の指導を受けて実践した。ところが効果がない。そこで、その先生に相談したところ「理論的には効果はあるんだが……」と言われたらどう思いますか？　もしかしたら、その先生の元で２年間ぐらい指導を受けた人ならできるかもしれません。しかし、そんな人はほとんどいませんよね。

　教育は「生」ものです。ある指導法をしたら必ず効果があるということはあり得ません。「そんなのやりたくない。でも、学校でやれと言うからやっているんだ」では効果が上がるはずはありません。

　しかし、一定以上の効果は期待したいですよね。

　もし、ある人の直接指導を受けた人でなくても、先に書いたマニュアルを読んで成果を上げられるとしたら、日本中にはそのような実践をしている人がいたり、学校があったりするはずです。もちろん、アクティブ・ラーニングのような新しいものであれば、まだ全国に満ちあふれていないのは当然です。しかし、実践者は全国的に広がっているはずです。もし、そのような人や学校が存在するならば、何かあったとき相談できるし、参観することができます。

　『学び合い』は数十年以上の学術・実践データに基づく手法です。多くの都道府県の学校で取り組まれており、結果として多くの本やマニュアルがあり、また各都道府県に『学び合い』実践者の会があるので、相談や質問を実際にしたり、授業参観もすることが可能です（本書巻末の「読書ガイド」を参照してください）。

コラム

当たり前のこと

　第1章ではアクティブ・ラーニングが備えるべき条件を挙げました。しかし、これらは冷静に見れば「当たり前」のことではないでしょうか？　そしてアクティブ・ラーニングに限らず、全ての教育実践の条件だと思います。しかし、ほとんどなされていない。なぜでしょうか？　学術と実践が分離し、互いに無視・バカにしているためのように思います。

　今度、書店に行ったときに、教育書の著者のなかで博士の学位を持っている人がどれだけいるかを調べてください。

　現場実践で高い評価を得ている教師はいます。そして、現場での学術実践を評価され、大学で教えるようになる方は増えてきています。しかし、学術論文の業績がある方はきわめて少ない。逆に、学術の世界で高い評価を得ている人のなかで、広く現場教師に読まれる本を書いている人はきわめて少ないのです。

　学術と実践でともに業績を上げることはとても大変です。しかし、そのような人がどんどん増えてほしいと願っています。そのような人がもっと増えれば、現場実践を理論的に整理し、それから現場実践に還元する、そのような往還が生まれるはずです。

　『学び合い』は一般の学校でアクティブ・ラーニングを実現するための要件を全て満たしています。そこで、以降では『学び合い』ではなくアクティブ・ラーニングという言葉を主に使います。

第2章

アクティブ・ラーニングの実際

　本章では、アクティブ・ラーニング型授業の実際をご紹介しましょう。

　もし、あなたがコーチングの本をお読みになる方だとしたら、本書がその内容においてかなり一致することに驚かれると思います。また、ドラッカーなどの経営学をお読みになる方であれば、同じく内容の一致に驚かれることでしょう。『学び合い』の手法によるアクティブ・ラーニングは、集団をどのように動かすか、それを学術データと実践データで整理、進化させたものですから、他のアプローチで出される結論と驚くほど一致しているのです。

　アクティブ・ラーニングを成功させるために必要なテクニックはさまざまあります。それをすべて記述するとこの本には収まりきれません。詳しくは巻末の読書ガイドでご紹介します。

アクティブ・ラーニングの授業イメージ

▶ アクティブ・ラーニングの授業はこんな授業です

　アクティブ・ラーニングの授業にはさまざまなものがあります。『学び合い』はその一つのかたちですが、その概要をご紹介しましょう。

① **教師から課題を与え、「全員達成が目標」と伝える。（5分以内）**
　子どもが能動的に動く時間を最大限確保するため、できるだけ教師の最初の説明は5分以内にします。子ども全員を能動的にするため、全員が助け合い、全員が課題を達成することを目標にします。そのため「わからないから教えて」と自分から助けを求めることを奨励します。

② **「さあ、どうぞ」と動くことを促し、子どもが動く。（約40分）**
　「どんどん動いて課題を達成してね。さあ、どうぞ」と動くことを促します。最初は自分で課題を解いたり周囲の様子をうかがったりして、あまり動きはありません。しかし、そのうちに子ども同士で聞き合おうとどんどん動き始めます。子どもが動く時間を最大限確保することが、アクティブ・ラーニングの成果をアップするカギになります。

③ **成果を振り返る。（5分以内）**
　最後に全員が達成できたか振り返らせます。学習内容のまとめはしません。全員達成できなければ、どうしたら次回できるかを考えるように教師は伝えて授業を終わります。企業の社長が社員の細かい仕事をいちいち確認するより、チームの業績をチェックして、チームに解決方法を考えさせるほうが業績が上がるのと同じです。

アクティブ・ラーニングの授業イメージ

1　教師が課題を伝える（5分以内）

- 「全員が課題を達成するのが目標」と伝える。
- 「わからないから教えて」と自分から動くことを奨励。

2　「さあ、どうぞ」と促し、子どもが動く（約40分）

- 子どもは最初はまず自分が課題を解くため動かない。
- 徐々に他の子に教える子ども、教わるために移動する子どもが出て、動き始め、グループが生まれていく（教師はグループを強制的につくったりしない）。
- やがて、グループ同士の交流が始まり、多くの子どもが課題を達成する。まだできない子をサポートするメンバーがどんどん増える。

3　成果を振り返る（5分以内）

- 「全員達成」ができたかどうかを振り返る。学習内容のまとめはしない。あくまでも、「全員が課題を達成する」という目標に対してどうだったかを振り返らせる。

アクティブ・ラーニング授業への子どもの反応

▶ アクティブ・ラーニング授業への子どもの感想

　アクティブ・ラーニングは一斉授業とはかなり違う授業になります。しかし、やってみると、ほとんどの場合、非常に好評だと思います。
　実際のアンケートから出てくる子どもからの評価には、以下のようなものがありますので、ご紹介しましょう。**(国語授業を『学び合い』で1年間行った高校1年生の子どもの感想)**

　ぼくは、この授業のよいところは他人の意見をたくさん聞けることだと思います。他には他人とやるから問題も自分一人でやるよりも早く進むところだと思います。逆に、悪いところは一人になる人が出てきたり、違う話ばかりする人がいるところです。けれど、一人ひとりが気をつければもっとよい授業ができると思います。**(男子)**

　私が国語の授業でよいと思ったのは、皆で話し合って、意味・結論などを考えることです。自分の考えだけでは思いつかなかったことや、そのとらえ方を皆で話し合い、考えることで多くの考え、とらえ方があり、新しい結論につながっていくということです。
　一人ではできなくても多くの人と協力して助け合えば大丈夫だということを学びました。**(女子)**

　『学び合い』の授業は友達との絆を深めつつ、一緒に目標をクリアすること

によってやる気も高まり、さらに記憶に残りやすいと思います。その反面、私語が多くなってしまうことがありますが、お互い注意し合えばさらに社会性も身につけられるので私は『学び合い』の授業がよかったと思います。（女子）

　私が『学び合い』を通して、この一年間学んだことは、自分一人の力や学習能力だけではなく、周りの人たちの意見や考えを、自分の新たな学習能力に取り入れることができたことだと思っています。最初は先生が私たちにどう学習してほしいのか、まったくわかりませんでした。それでも毎時間、授業が終わった後に、先生のコメントを聞くと、自分たちにできる大切なことが、私には見えてきました。（女子）

　国語の授業を一年間振り返ってみると『学び合い』が多い授業だと思った。最初のころは、高校生になったばかりで周りの人たちのことがわからなくて大変だったけど、皆と長い時間を過ごしてくるとお互いに教え合い、誰もわからない人がいなくなってとても充実した授業だったと思ってきました。『学び合い』によって自分たちの周りの人が先生になる、そして自分も先生みたく教えられる。この授業は、とてもよかったと思った。（男子）

　他の先生とは違う授業体系でした。『学び合い』を合い言葉でやった授業では、友達の意見や考えを素直に聞けるため、とてもおもしろかったです。また、このような授業は初めてだったのでこういうやり方もあるのかとおどろきました。生徒が生徒に教えるやり方を国語だけでなく数学でもあればいいのになと思いました。（男子）

　私は、国語の授業で改めて『学び合い』のよさを感じました。自分一人ではわからないことや、友達が困っていたら教えられるのでとてもよいと思いました。『学び合い』を通して、たくさんの知識を取り入れることができました。

国語の授業は、席を自由に移動ができ、友達と一緒に同じ課題をクリアできるように取り組めたので、とても充実した授業でした。『学び合い』は、自分の知識を高めるだけではなく、他の人の知識も高められるんでとてもよいと私は思いました。（女子）

　私は、『学び合い』というテーマの授業で友達と協力することの大切さを知った。中学校までの国語の時間は先生が黒板に書いた字を写すだけになりがちで自分で考えるという機会が少なかったように感じた。高校一年の国語で初めて生徒中心の授業をしたときは、おどろいてしまった。（男子）

　私は授業は先生が話して、解説して、友達と話してたら怒られるというイメージがあります。いままでそれが普通でした。でも国語の授業は違って他の授業よりも楽しかったです。友達と話し合って勉強することでお互い授業がわかりやすくなってすごくよかったです。でも友達と授業をすることによって無駄な話をしてしまったり、遊んでしまったりしてしまいました。（女子）

　一年間、『学び合い』の学習をして思ったことは、最初はやりづらく難しい授業でした。なぜなら、僕は人見知りで話すことが大変だったからです。また、同じ中学の子もいなかったため、すごく不安な授業でした。しかし、この授業を通じて友達ができ、友達と協力して古文や現代文、漢字などがしっかり取り組めたと思います。わからないところを先生でなく友だちから教えてもらうのはとても新鮮でした。（男子）

　国語の授業は、他の授業とちょっとやり方が違う授業だったので、友達と協力しながら楽しくできたと思います。最初は、この授業のやり方は正直嫌でした。でも、徐々に学び合う大切さを知って国語の授業が楽しみになりました。一年間、すごく楽しかったです。（男子）

僕は、高校に入ったばかりでクラスの皆になじめませんでしたが、このようなの『学び合い』の授業での会話や教え合いなどで、クラスになじむこともできました。最初は、先生は教える気がないと心のなかで思っていましたが、クラスの皆のことをとてもあたたかい目で見ていてくださっていたことを、いまはわかっています。不安などもありましたが、一年間、とても楽しく、深く勉強できたと思います。この国語の『学び合い』の授業はとても充実したものになりました。（**男子**）

　『学び合い』で学んだことは、先生が前に立って説明するより、友達と考えたり意見を言ったりするほうが理解できるということ。いままで普通の授業を受けてきましたが、初めてこのような授業を受けて、友達と一緒に考えたり、協力して問題を解いたり自分から考えよう！　という気持ちになりました。一年間『学び合い』の授業をして来年度もこのような授業がしたいなぁと思いました。（**女子**）

　『学び合い』の授業は、他の人の意見を聞くことで、いろいろな答えがあるので、とても楽しく授業ができました。しかし、他の人と話しているときに、しばらくすると授業に関係のない話をしていたので、そこは反省したいところです。二年生でも、この反省を生かして授業を受けたいです。（**男子**）

　私は、この『学び合い』の授業でいろんなことを学びました。自分の知っていることも教え合ったり、一つの問題についてみんなで話し合ったりすることがとても楽しかったです。雑談も交じりつつだったけどよい授業だったと思います。来年度の国語もこんなふうだったら楽しく学ぶことができるかなと思います。（**女子**）

アクティブ・ラーニングのテクニック

▶ まず、課題づくりから始めてみよう

　アクティブ・ラーニングは「課題解決型授業」です。教師の課題の提示から授業が始まります。そこでまず課題づくりです。

　アクティブ・ラーニングの授業では、子どもたちにその授業時間でやるべき課題を与えます。課題づくりのノウハウはさまざまありますが、初心者の方が初めて作ろうとする場合は、定評のある問題集のなかから良問を選んでください。問題の分量としては、クラスのトップレベルの子どもだったら**15分ぐらいで課題達成ができる分量です**。おそらく、いまの授業ペースとあまり変わりない分量だと思います。

　それを子どもたちにプリントで配布します。そして、それをノートに貼らせるのです。それによって子どもが課題をノートに写すというあまり生産的ではない作業に費やす時間を省略し、課題に向き合う時間を確保します。なお、この課題を事前に渡しておけば、ノートに貼る時間も省略できますし、予習もできます。

▶「一人も見捨てない」と教師が語ること

　アクティブ・ラーニングの大事なポイントがあります。それは「**一人も見捨てずに**」ということを強調することです。そこでの語りは、部活で「チーム」を意識させるときに語っている言葉がけと同じです。たとえば、「一人見捨てるクラスは二人目を見捨てる、二人を見捨てるクラ

スは三人を見捨てる。次に見捨てられる四人目は君自身かもしれない。そんなクラスにいたいか？　クラスはチームだ。全員達成を目指そう」と語ってください。

　この語りがアクティブ・ラーニングの根幹なのです。この部分さえ押さえられたとしたら、課題が多少「ヘボ」であったとしてもクラスをリードする2割の子どもが補ってくれます。

誰ができているか、誰ができていないかを可視化する

　黒板にはその日の課題をシャープにまとめます。おそらく自習課題に近いものになるはずです。

　クラスが全員達成を目指すためには、クラスの誰ができていて、誰ができていないかを把握していなければなりません。そこで有効なのがネームプレートです。

　子どもの名前を書いた磁石のネームプレートを用意してください。それを黒板に貼ってください。そして、黒板に「できた！」と書いて、それを大きな丸で囲んでください。子どもたちには、自分ができたら自分の名前のネームプレートをその丸のなかに移動するように指示してください。

　それによってクラスの全員が、誰ができて、誰がまだかがわかります。すると誰のところに教えに行くとよいか、誰のところに聞きに行けばいいかがわかります。

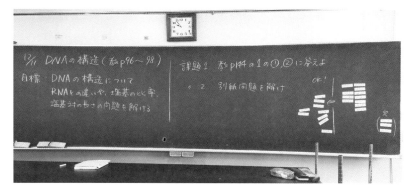

アクティブ・ラーニングで教師がすべきこと

▶ まず、子ども自身の判断を尊重する

　アクティブ・ラーニングでは教師が強制的にグループをつくりません。 なぜならば、その学修において誰に教えてもらったらわかるか、誰に教えたらわかってもらえるかの相性を教師はわからないからです。それがわかるのは、子ども自身です。だから子どもがアクティブに（つまり主体的に）動かなければならないのです。もし、教師が班を固定化してしまうと、お客さんになってしまう子どもが生まれます。

▶ 教師の言葉がけが重要

　アクティブ・ラーニングでは教師は見守ることが重要です。**子どもに教えることをやめて、子ども同士が関わり合うように仕向けます。** そのためのポイントがいくつかあります。代表的なものをご紹介しましょう。

　第一の原則は、言うことをきかない子どもを指導するのではなく、教師の指示に従う子どもの心に響く語りをすることです。

　たとえば、勉強しないで遊んでいる子がいるかもしれません。さて、あなたはおそらく「その子」に注意したいと思うでしょう。ところがアクティブ・ラーニングではそれをしません。なぜならそれは無駄だからです。その子は、教師にどう思われようと気にしない子なのです。

　むしろ、いつも教師の指示に従う２割の子どもに語るのです。 その子たちはいままでは「自分」が真面目にやれば認められていました。とこ

ろがアクティブ・ラーニングは「全員達成」を求めています。ですから、一人でもその日の課題を達成できないならばアウトなのです。

　遊んでいる子がいたとしたら、誰を見るともなく「遊んでいる子はいないか？　遊んでいる子がいるのは残念だけど、それを知っているのにほうっておいている子は無罪か？　仲間を見捨てている君たちでいいのか？」とちょっと大きめな声でしゃべってください。その際、遊んでいる子を見てはいけません。見れば、クラスをリードする子が「遊んでいる子」を注意するのは先生の仕事だと思うからです。逆に、特定のリードする子を見ながらしゃべってもいけません。どの子が「いっしょにやろうよ」と声をかけるかはわからないからです。

▶ 間違った方向に子どもが進んでいるときの声がけ

　また、机間巡視をしているときに、間違った答えをノートに書いている子どもがいたとします。おそらくいままでだったら、教師が指導していたと思います。しかし、そうすると３、４分はその子にかかりきりになります。つまり、集団を見捨てているのです。だからアクティブ・ラーニングでは個別指導をしません。では、どうしたらいいでしょうか？

　間違っている子どもの脇で渋い顔をして、「う〜ん、３番が間違っているな〜。その問題を解けている子はクラスにいっぱいいるんだけどな〜」と大きめな声でつぶやくのです。おそらく、あなたが５ｍぐらい離れると誰かがその子に近づいて教えると思います。あなたは遠くからニコニコしながら見守ってください。きっと教えている子はあなたをチラッと見るはずです。小さくうなずいてください。

　アクティブ・ラーニングではさまざまな問題が表出します。アクティブ・ラーニングでは教師の管理下で問題を表出させ、それをクラスで乗り越えることを求めるのです。

アクティブ・ラーニングでの、目標・授業・評価の一致

▶ 評価はどうしたらいいのか？

「『学び合い』では評価はどうしたらいいのですか？」と聞かれることが少なくありません。しかし、私は「いままで通りで結構です」というように拍子抜けするほど単純な返答をしています。

中学校・高校の先生は自作テストを使って成績を評価すると思います。それもまた、そのままで結構です。違うのは、評価するテストと、日々の学習課題を一対一対応させることを重視することです。そのため、**どのようなテストをするかを学期や年度の最初に決めておく必要があります**。

教育には目標があり、それを実現する授業があり、その目標が達成されたかを評価します。したがって、目標と評価は一致していなければなりません。目標を具現化したのがテストであり、日々の課題になるのです。目標と評価を確実に一致させるためには、授業を始める前にそれを明確に決めなければなりません。なんとなく、毎日の課題を与えていて、最後にテストを作ってみたら、そこに全然出ていないことを長々勉強させていたり、テストで評価していることを全く授業でやらせていない、ということが起こる危険性があります。

▶ 当たり前のこと

課題は教科の玄人がうなるような深いものである必要はありません。

しかし、子どもたちが誤りなく、教師の求めていることを理解できる課題であることが必須です。少なくとも、クラスの成績上位者の２割の子どもが、確実に何を達成すればよいのかがわかる課題でなければなりません。

テストは日々の課題の集積なのですから、当然、その正誤はクラスの成績上位者の２割の子どもが確実にわかるものでなければなりません。そして、日々の課題を子どもたちが全員達成したならば、クラスの全員が正誤がわかるはずです。だから、日々の課題を集積したものが、クラス全員のテストとなります。つまり、みなさんがお使いのテストを日々の課題にすればいいのです。

「授業の最初にテストを作る？」「テストから毎日の課題をつくる？」と最初はビックリされる方は少なくありません。しかし、**目標と授業と評価を一致させるという、当たり前のことをアクティブ・ラーニングではやるだけのことです**。いままでの授業でしたら、何となくパターン化した進め方でまとめることができました。ところがアクティブ・ラーニングではそれはできません。なぜなら、授業の最初に何をすべきかを子どもたちに誤りなく伝えなければならないからです。結果として、目標や評価を意識した授業をしなければならないからです。最初はとまどうかもしれませんが、一度慣れると、このことが「まっとう」であり、非常に効率が高いことに気づかれると思います。

一人ひとりのテストの点数は、一人ひとりの成績を示します。しかし、クラスや学年の点数分布はあなたのアクティブ・ラーニングの評価なのです。あなたの授業が認知的であり倫理的、社会的能力を育成するアクティブ・ラーニングになっているのであれば、その分布の分散は小さくなります。そして、平均値の高さはあなたの課題の質を示すものです。

テストの点数を見れば、一発でアクティブ・ラーニングとなっているか否かがわかります。

アクティブ・ラーニングが重視している「倫理」

▶ 答申に書かれた「倫理」という言葉

　本書冒頭で紹介した答申に出ているアクティブ・ラーニングの定義をもう一度見直しましょう。その際、「倫理」という部分に注目してください。

> 　教員による一方向的な講義形式の教育とは異なり、学修者の能動的な学修への参加を取り入れた教授・学習法の総称。学修者が能動的に学修することによって、認知的、倫理的、社会的能力、教養、知識、経験を含めた汎用的能力の育成を図る。発見学習、問題解決学習、体験学習、調査学習等が含まれるが、教室内でのグループ・ディスカッション、ディベート、グループ・ワーク等も有効なアクティブ・ラーニングの方法である。

　いままでの授業に慣れている人は、この一言の意味がどれほど重いかがわかりません。「まあ、建前論でしょ。美辞麗句でしょ」と思います。違います。これがアクティブ・ラーニングにおいて決定的な意味を持ちます。

▶ 人と関わり合える人間を育てるために

　ジム・コリンズという人は、ある業界で長期間業績を上げ続けている

企業にどのような共通点があるかを調べました。いろいろな特徴がありますが、そのような企業には、その企業が持つ社会的存在意義を明確に示すミッションがあり、社員集団はそれを共有しているという特徴があることを明らかにしました。

またドラッカーは企業は営利を目的とするのではなく、営利は事業を継続するための手段であることを述べています。

なぜでしょう。営利だけを求めている企業では、社員一人ひとりが自分のエゴをむき出しにします。結局、折り合いがつきません。一方、業績を上げ続ける企業では、企業、また社員のエゴの上位に、企業の社会的存在価値が位置しています。それゆえに社員個人個人のエゴを調整することが可能なのです。そして、優れた管理者は社会的存在価値が個人個人のエゴと矛盾しないことを説明できます。

クラスにおいても子ども一人ひとりのエゴがあります。それがむき出しになればぶつかり合います。だから教科学習においても「倫理」が必要なのです。

いままでは教科学習での認知能力の涵養と、道徳やHRや部活とが分けられていました。しかし、アクティブ・ラーニングでは、両者は融合しなければならないのです。なにしろ定義がそうなっていますから。だから、授業のなかで「君たちはそれでいいのか？」と子どもの良心に訴えかける言葉がないならば、それはアクティブ・ラーニングではありません。

この「倫理」と教科学習を結びつける指導ができたとき、初めて、アクティブ・ラーニングが成功したと言えると思います。

成功するアクティブ・ラーニングの考え方

▶ アクティブ・ラーニングは難しくない

　意外かもしれませんが、アクティブ・ラーニングのほうがいまの教育より自然です。我々ホモサピエンスは学習によって後天的に獲得する能力で生き残った生物です。原始人の時代から学習はあり、人は関わり合って学び合ってきました。

　いろいろな人に、「アクティブ・ラーニングをどのように指導したらいいですか？」と聞かれます。**私の答えは「邪魔しなければアクティブ・ラーニングになる」というものです**。みなさん怪訝な顔をします。

　みなさんにおうかがいします。野球部の顧問が、部員ががんばったので、たらふくごちそうしてあげたいと思ったとします。その顧問が「腹をすかした子どもたちを焼き肉屋に連れて行って、彼らがいっぱい食べるだろうか心配だ」とあなたに言ったらどう答えます？　おそらく大笑いして、「そりゃ食べるよ」と答えるでしょう。もし、その顧問が「どうやったらいっぱい食べるだろうか？　その方法は？」と聞いたら、「ほっときゃ食べるさ」と答えるでしょう。当たり前のことです。

　焼き肉はたいていの子どもたちは好きです（もちろん全員ではないですよ）。だから心配しなくても食べます。

　ひるがえって、子どもが黙って一斉授業を受けるより、友達と話しながら勉強したほうが楽しいと思いませんか？　友達と相談することは彼らは好きです。だから「ほっときゃ勉強するよ」というのが私の答えです。

▶ 部活指導と同じにすればアクティブ・ラーニング指導は OK！

　実は、みなさんの多くがアクティブ・ラーニングの指導経験を持っています。それは「部活」なのです。もう一度、学校教育におけるアクティブ・ラーニングの定義を確認しましょう。以下の通りです。

> 　教員による一方向的な講義形式の教育とは異なり、学修者の能動的な学修への参加を取り入れた教授・学習法の総称。学修者が能動的に学修することによって、認知的、倫理的、社会的能力、教養、知識、経験を含めた汎用的能力の育成を図る。発見学習、問題解決学習、体験学習、調査学習等が含まれるが、教室内でのグループ・ディスカッション、ディベート、グループ・ワーク等も有効なアクティブ・ラーニングの方法である。

これを部活に置き換えるならば、以下の通りです。

> 　顧問による一方向的な講義形式の部活とは異なり、部員の能動的な部活への参加を取り入れた指導法の総称。部員が能動的に練習することによって、認知的、倫理的、社会的能力、教養、知識、経験を含めた汎用的能力の育成を図る。

　いかがでしょうか。実はアクティブ・ラーニング（能動的に学ぶこと）は部活ではごく普通にやっていることです。やる気も能力も異なる子どもが、同じ目標を目指す、という前提は教室でも同じことです。

　さて、部活指導で何が大変でしょうか？　おそらく二つあります。第一には目標の設定、第二は全員をチームにすることです。競技の上達に何の意味があるか、部活のなかで普段関わらない人と関わる意味は何か、チームの意義をどう説くか。次ページから部活とアクティブ・ラーニングの共通のノウハウを見てみましょう。

部活指導で起こっていること

▶ 教師が部活で語るべきこと

　野球部の部活の流れは以下のようなものではないでしょうか？
　顧問が来る前に部員たちは自分にできる準備をしています。
　顧問登場。顧問は部活の意味を語ります。「部活で大事なのは高い能力ではない。能力の違う者同士で助け合い、目標達成を目指すことだ。部活で人生の生き方を学べる。一生の友も得られる」と語ります。
　共に困難を乗り越える経験をしてこそ、困難を乗り越える能力と仲間を得られます。だから、試合結果にこだわる必要があります。しかし、試合に勝つことが目的ではなく、共に戦い、困難を乗り越えることが大事であることを語ります。つまり、チームであることを強調します。部員は黙って聞きながら、顧問が本気で勝ち負けより全員の成長を考えているか、正確に見極めます。本気であると感じたときだけ、部員は顧問を信頼し、求めに応じようと考えます。
　顧問はこの1年の流れを説明し、地区大会、県大会がいつあって、それに向かって自らの頭を使って主体的に練習することを求めます。その上で、今日やるべきことを示します。このすべてを語るのは節目節目であり、普段はその日やるべきことを示すにとどめます。したがって、顧問の語る時間は5分以内です。そして、練習開始です。この段階で、この日の練習終了時間の指定をします。なお、部活の凝縮力が高まれば、毎回の課題を教師が用意するのではなく、部員が主体的に練習プログラムを作れるようになれますし、顧問も任せるようになります。

集団を動かすということ

　グラウンドのなかでは、部員が自分の課題を意識しつつさまざまな練習をしています。互いに教え合うこともあります。顧問は部員の練習をただボーッと見ているように見えます。しかし、顧問のちょっとした仕草が部活の雰囲気ががらりと変えるのです。なぜでしょうか？

　顧問がグラウンド全体を見ていると、自分の練習ばかり優先する部員や、能力の低いメンバーが孤立して誰にも練習相手をしてもらえない状態などが嫌でも目に入ります。顧問の気持ちは無意識に表情や言動に表れます。部員の２割は部をリードしている子どもです。彼らは、普段の言動から顧問の人間性と方針が信頼できると考えている場合には、顧問の意図を汲んで動こうとしてくれます。顧問の方針をその２割が支持している場合は、彼らは顧問の様子をよく見て、いつもの方針に基づいて自主的に問題解決に動いてくれます。

　部員の６割はそれなりに練習はしますが、主体的に動くとは限りません。しかし、先の２割の部員から指示されることは正しいと思っています。顧問の語っている言葉の意味がわからないこともありますが、先の２割の部員がその意味をわかりやすく説明してくれるからです。

　残りの２割の部員は、この部活の競技自体はそれほど好きではないのですが、みんなと一緒に何かをすることは楽しいので部活は続きます。

　最初に伝えられた練習終了時間が近づくと、時間を意識して後始末をし始めます。練習終了時間になるとみんなが整列し、顧問を待ちます。

　そこに顧問が再登場します。顧問はその日見取ったさまざまなことを練習時間ずっと頭のなかで整理します。そして、その日に語るべきことは何かをギリギリまで精選します。短い言葉で部員、特にリードする２割の部員の心にやる気を起こさせる言葉は何かを考え、語ります。

　このようなサイクルを繰り返します。そのなかで顧問は集団の凝縮力を高めることを考えます。集団の凝縮力が上がれば、顧問が細かいことを言わなくても部員たちが支え合うからです。

成功するアクティブ・ラーニングのコツは部活指導と同じ

▶ アクティブ・ラーニングの授業を部活指導になぞらえると

　アクティブ・ラーニングの授業の流れは以下のようになります。
　教師が来る前に子どもたちは自分にできる準備をしています。教師登場。教師は「授業で大事なのは自分の成績だけ上げることではない。能力の違う者同士で助け合い、全員の課題達成を目指すことだ。人生の生き方を学び、一生の友も得られる」と授業の意味を語ります。
　共に困難を乗り越える経験をしてこそ、困難を乗り越える能力と仲間を得られます。だから、テスト結果にこだわる必要があります。しかし、テストで高い点数を取ることが目的ではなく、共に学び、そして困難を乗り越えることが大事であることを語ります。つまり、チームであることを強調します。子どもは聞きながら、教師が本気で全員の成長を考えているか、正確に見極めます。本気であると感じたときだけ、子どもは教師を信頼し、求めに応じようと考えます。
　教師はこの1年の流れを説明し、定期テスト、大学入試がいつあって、それに向かって自らの頭を使って主体的に学修することを求めます。その上で、今日やるべきことを示します。このすべてを語るのは節目節目であり、普段はその日やるべきことを示すにとどめます。したがって、教師の語る時間は5分以内です。そして、この日の学修終了時間の指定をし、学修開始です。クラスの凝縮力が高まれば、毎回の課題を教師が用意するのではなく、子どもが主体的に学修プログラムを作れるようになり、教師も任せるようになります。

▶ 教師が見取ること、語ることも部活と同じでよい

　教室のなかでは、子どもが自分の課題を意識しつつさまざまな学修をしています。互いに教え合うこともあります。教師は教室全体をただボーッと見ているように見えます。しかし、教師のちょっとした仕草がクラスの雰囲気をがらりと変えるのです。なぜでしょうか？

　教師が全体を見ていると、自分の勉強ばかり優先する子や、孤立して誰にも教えてもらえない子の状態が嫌でも目に入ります。教師の気持ちは無意識に表情や言動に表れます。子どもの2割はクラスをリードしている子です。彼らは、普段の言動から教師の人間性と方針が信頼できると考えている場合には、教師の意図を汲んで動こうとします。教師の方針を彼らが支持している場合は、彼らは教師の様子をよく見て、いつもの方針に基づいて自主的に問題解決に動いてくれます。

　子どもの6割はそれなりに学修はしますが、主体的に動くとは限りません。しかし、先の2割の子どもから指示されることは正しいと思っています。教師の語っている言葉の意味がわからないこともありますが、先の2割の子どもがその意味をわかりやすく説明してくれるからです。

　残りの2割の子どもは、教科自体はそれほど好きではないのですが、みんなと一緒に何かをすることは楽しいので授業は続きます。

　最初に伝えられた学修終了時間が近づくと、時間を意識して後始末をし始めます。時間になるとみんなが自分の席に戻り、教師を待ちます。そこに教師が再登場します。教師はその日見取ったさまざまなことを学修時間ずっと頭のなかで整理します。そして、その日に語るべきことは何かをギリギリまで精選します。短い言葉で子ども、特にリードする2割の子どもの心にやる気を起こさせる言葉は何かを考え、語ります。

　このようなサイクルを繰り返します。そのなかで教師は集団の凝縮力を高めることを考えます。集団の凝縮力が上がれば、教師が細かいことを言わなくても子どもたちが支え合うからです。

部活と同じように、子どもに任せることが重要

▶ いちいち教えずに、子どもに任せることが重要

　いかがでしたでしょうか。前述のようにアクティブ・ラーニングの指導は、部活指導と完全に一致するのです。アクティブ・ラーニングはどうやったらいいの？　と思っている方が大多数だと思います。ご安心ください。繰り返しになりますが、みなさんはアクティブ・ラーニングを部活で既にやっているのです。それを教科指導でやるだけのことなのです。

　しかし、おそらくいろいろと疑問が起こるでしょう。たとえば、そんなに子どもに任せて大丈夫なのか？　まずはしっかりと基礎的な部分は教えなければならない、と思うでしょう。では、部活でそれをしていますか？　していないと思います。では、なぜしないのでしょうか？　理由は一人の教師が細かいことを教えるには限界があることを知っているからです。教えようとすれば、子どもたちの練習時間が短くなるからです。

　アクティブ・ラーニングでも、子どもたちに任せる時間が多くなればなるほど、成果が倍々ゲームで上がります。教科指導も部活と同じなのです。

▶ 輪切り教育という、高校特有のポイント

　義務教育段階とは違い、高校では学力で選抜をされています。した

がって、学力的に輪切りになります。

　従来の授業では、教師のただ一つの指示を徹底しなければなりませんでした。その場合は、少数で均質な集団が効果的です。それゆえに少人数習熟度別がよいと思われています。しかし、アクティブ・ラーニングでは子どもたちが主体的で自律的であることを求められます。その場合は、多数で多様な集団が有効です。

　考えてみてください。50代ばかりの学校、30代ばかりの学校はどんな雰囲気になると思いますか？　最初は好きだったアニメの話で盛り上がるかもしれませんが、年齢的に近いと自然とライバル心が生まれます。バレンタインチョコを何個もらったかも気になります。したがってギスギスしてしまうのです。多様であればそのようなことを軽減できます。

　またメンバーの数が多ければ、相性のよい人同士がより多く含まれている可能性が高くなります。

　したがって、高校の場合は学力的に均質に近づくのでアクティブ・ラーニングはやりにくい面があります。が、ご安心ください。いくら輪切りにしても、すぐに正規分布になります。なぜならば人は関係の生物だからです。

　小学校、中学校では常に学年トップだった子が進学校に入学し、自分がトップではない状況に出合い、やる気を失う場合があります。一方、小学校、中学校では中位層で目立たなかった子が、進学した高校では上位層になり活躍する場合もあります。

　自然のままではすぐに正規分布になり、時間がたつと分散が大きくなります。つまり、成績の極端に低い子が生まれてしまいます。これは競争という状況では必然的に起こることです。しかしアクティブ・ラーニングではみんながみんなを支え合うので分散が小さくなり、平均値が高くなります。

合同の
アクティブ・ラーニング
は受験にも最適！

▶ 合同アクティブ・ラーニング

　合同授業ができるのもアクティブ・ラーニングの強みです。

　合同アクティブ・ラーニングとは、複数のクラスや異学年のクラスが集まり、一緒に授業を行うものです。イメージとしては、野球部の1年から3年の部員が夏休みに学校の図書館に集まって夏休みの宿題を一緒に解く姿を思い浮かべてください。各自のやっている課題は別々です。学年も別々です。しかし、互いに自然に教え合っているはずです。

　具体的には体育館、オープンスペースのような広い場所に学年の異なる複数のクラスが集まります。そこにはホワイトボードがクラス分用意されています。そのホワイトボードには各クラスの課題が書かれていて、そのクラスのネームプレートが貼ってあります。クラスでのアクティブ・ラーニングと同様に課題が終わった人は、ホワイトボードの「できた！」の領域に移動します。これによって集まった全員が、誰ができて誰ができていないかがわかります。

　その日の課題は事前に渡しておきます。それによって最初の語りの時間を省略します。事前に渡す際、「予習しては駄目とは言わないよ」とニヤニヤして言えば、おそらく上級生は予習してきます。

　最初の語りでは、その日の代表の先生が子どもたちの前に立ち、「ここにいる全員がチームだ。チーム○○学校だ！」と語ってください。

　最後に、再度代表の先生が登場してまとめます。その語りはクラスでのアクティブ・ラーニングと同じです。このように異学年でアクティ

ブ・ラーニングを実践すれば、アクティブ・ラーニングが部活と同じだということがより一層わかると思います。

▶ 異学年での合同授業は受験に最適

　受験の結果は何によって決まると思いますか？　教材でしょうか？　発問でしょうか？　使う参考書でしょうか？

　違います。いつの時点から本気で受験勉強を始めるかによって決まります。でしょ？　だから教師は口を酸っぱくしてそのことを子どもたちに語ります。しかし、それをリアルに受け取れる子どもは多くはありません。

　異学年合同アクティブ・ラーニングをすれば、3年生の姿を1年生と2年生はずっと見続けるのです。3年生の姿が早めに受験勉強を始めるべきことを雄弁に語っているはずです。合同アクティブ・ラーニングで「ここにいる全員がチームだ。チーム〇〇学校だ！」と教師が語れば、上級生は下級生に早めに受験勉強を始めるべきだと語るでしょう。そして、受験参考書や問題集の情報を提供するはずです。

　受験は団体戦です。それも異学年の団体戦です。そんなことができるのも異学年合同アクティブ・ラーニングの強みの一つです。

合同の
アクティブ・ラーニング
は教師も育てる

▶ 合同授業が教師のリアルな職能形成につながる

　この合同アクティブ・ラーニングは、実際にさまざまな学校で取り入れられています。そしてそこでは、その時間が多くの場合、教師の育成にも非常に大きなインパクトを与えています。

　ある若い先生がいました。教材研究も確かで、教え方もうまい人でした。しかし、メリハリが弱いのです。私は長年教員養成の大学に勤めていますが、この10年ほど特に感じるのは、しっかり叱れない人が多いことです。しっかり叱ると子どもから嫌われ、授業がやりにくくなることを恐れています。その先生もそのような感じでした。

　ある日の合同アクティブ・ラーニングでのことです。参加したクラスの一つが前の時間が体育だった関係で遅れ気味に体育館に入ってきました。ざわついていて、最初の挨拶もだらだらしたものでした。

　その日の代表で語る教師は「そんな挨拶はするな！」と怒鳴りました。その声の大きさに全員（先に書いた若い教師も）がビックリしました。その後、挨拶がいかに大事か大きな声で語りました。しかし、徐々に声のトーンが柔らかくなり、表情も柔らかくなりました。そして、最後は冗談を飛ばし、みんなが笑い、「では、もう一度挨拶をしよう」と指示しました。全員でしっかりとした挨拶ができました。

　次にその学校に行くと校長が「あの先生変わりましたよ」と言ってきました。そこで授業を見るとメリハリのある授業になっていました。

　さて、みなさんいままでに「怒鳴り方」の研修を受けたことはありま

すか？　ないと思います。しかし、子どもをどのように叱るかは、とても大事な教師の職能です。多くの人は個人的な経験から自分なりのノウハウを獲得します。しかし、合同アクティブ・ラーニングでは毎日の授業で起こることを複数の教師が同時に体験し、指導し、その指導の結果を共有します。最高の研修の場なのです。

▶ 合同授業からの語り合いが教師を救う

　いまの教師は忙しすぎます。雑談する時間はありません。ところが、異学年・異教科による合同アクティブ・ラーニングの場合、さまざまな教師がふんだんに雑談する時間を確保することができます。そして、目の前の子どもの姿という話題が生まれるので、話が尽きません。職員室に戻ってからもそれが続きます。これはいまとても重要なことです。

　私が高校教師であったときのことです。職員室の隣の部屋にお茶飲み場があり、そこでお茶を飲むのが大好きでした。私が失敗したとき、落ち込んだとき、先輩教師からその先生の失敗談、そして解決の方法など、クラスの様子がありありとわかるようなエピソードを交えて聞けたからです。先輩教師の教科はさまざまですが、語ってくれたのは教科を学ぶ子どもの姿（そして教師の姿）であり、実際に役立つ話でした。

　中高の教師の場合、教科内容だけでつながろうとすると、学校内でつながりを持てる教師が少なすぎます。教科によっては、自分一人という場合も多く、そのため中高で教師同士がつながるとしたら子どもの指導や特別活動が一般的です。しかし、教師がもっとも悩むのは教科指導なのです。教科指導における子どもの姿を語り合えなければなりません。

　アクティブ・ラーニングは教科指導を教科内容ではなく、子ども集団の力学を通して行うものです。それを最大限に実現でき、教師も学び合えるのが異学年・異教科による合同アクティブ・ラーニングです。

> コラム

立っているだけで語る授業

　おそらく、みなさんは「授業の最初に何を言えばいいの?」「課題はどうつくればいいの?」等のいろいろなことを疑問に感じていると思います。確かにアクティブ・ラーニングの初期にはそれが必要です。そしてそのノウハウは整理されて書籍にまとめられています(本書巻末の「読書ガイド」参照)。しかし、アクティブ・ラーニングに慣れている人で2週間、初めての人でも3ヵ月もたつとほとんど不要になります。その頃になれば、立っているだけで十分です。

　授業中に何も言っていないときも、我々は雄弁に語っています。たとえば、いままで孤立傾向だった子どものところに誰かが行って教える、または孤立傾向だった子どもが誰かのところに聞きに行く、そんな瞬間、あなたはどうなりますか? 最初は「あ!」という顔になるはずです。しばらくすると笑みがこぼれます。

　逆に遊んでいる子がいたとします。その子を見ていると顔が暗くなります。そして、その子が遊んでいるのにそれをそのままにしている子たちの方を「何しているんだ!」という顔で見回すでしょう。

　クラスのなかには教師の腹の内を読むのに長けた子どもがいます。その子たちは教師の顔をチラチラ見ています。自分がしているよい言動に教師は気づいてくれているか、逆に、自分がしているまずい言動に教師は気づいてしまっているか、それを見ているのです。その子たちがクラスをリードします。監督が練習会場に現れたとたんに態度が引き締まるのはそんなところからなのです。

第3章

アクティブ・ラーニングは なぜ有効か

　　アクティブ・ラーニングはいままでの授業と違います。「教員による一方向的な講義形式の教育」がありません。当然、そんなことで基礎基本が本当に押さえられるのかと疑問に思われるでしょう。

　「子ども同士の教え合いでは、教師ほどの効果は得られないから、「たまには」アクティブ・ラーニング「も」やってもいいかもしれないが、基本的には「教員による一方向的な講義形式の教育」が中心になるべきである」と考えるのは当然です。

　　ところが、アクティブ・ラーニングのほうが子どもの理解が進むのです。

　「そんなバカな」と思われるでしょう。

　　本章では、なぜ、アクティブ・ラーニングのほうが子どもに理解できるのかを説明させていただきます。

アクティブ・ラーニングで明確に成績が上がる

▶ 実際にやってみた教師たちのコメント

　アクティブ・ラーニングを、課題と評価（テスト）を一致させて行えば、必ず成績が上がります。実際に『学び合い』の授業に取り組んだ高校の先生方からの成績についてのコメントを紹介しましょう。

飯島弘一郎教諭　京都府・国語
　４月から始めた『学び合い』の授業（現代文）の成果は、最初の定期テスト（６月）に現れました。平均50点台が予想されるなか、70点近い平均点となり、前年度まで30点台が当たり前だった最低点も50点を上回りました。当初『学び合い』に反発していた女子生徒がいましたが、年度後半にはクラス全体の学びをリードするまでに成長し、50点前後だった得点が80点まで上がりました。

砂川繁教諭　栃木県・国語
　ベネッセの「基礎力診断テスト」の結果、成績が大きく上がった。この診断テストでは全体を17ゾーンに分類し専門学校・短大合格を目指せるD、４年生大学推薦入試に合格が目指せるC、４年生大学一般入試合格が目指せるB以上となっている。
　『学び合い』の授業を始めてから約５ヵ月で、担当クラス（36名）のうち３分の２の生徒が１ゾーン以上上がった。Dの下のゾーンからCの中まで７ゾーン伸びた生徒が２人、Cの下からBの中まで伸びた生徒もいる。

水野鉄也教諭　長野県・数学

　３年生の数学Ⅲを学ぶ30人の講座は、『学び合い』を始めて２ヵ月たちました。始める前の試験と比べて、次の二つの効果が認められました。一つは平均点が11点上がりました。もう一つは点数のばらつき具合が小さくなり、平均点からかけ離れて低い点数を取る生徒が少なくなりました。特に最低点を取ったＩ君は16点も点数を上げました。さらにＩ君を含めた成績下位層８人の平均点が13点も上昇したのです。

仲田毅教諭　元新潟県・英語

　私は、過去に高校３年生の英語を担当し、『学び合い』を実践した経験があります。２クラスを教えましたが、４月から約３ヵ月の実践で、いずれのクラスでも夏の進研模擬試験で全体の偏差値が約1.5伸長しました。特に中位から下位層の生徒の伸びが顕著で、偏差値を約５伸ばした生徒が２名いました。

菊池篤教諭　東京都・理科

　私の勤務校は都立で最も偏差値が低いと言われている普通科の高校です。勉強は大嫌いで、中学ではまともに勉強してこなかった生徒がたくさんいます。都立高校では年度末に到達度を測るテストがあります。『学び合い』を行った私のクラスには２年連続で最低目標点の30点を下回る生徒はいませんでした。定期試験と実力テストの成績に相関関係が見られ、『学び合い』で十分に学力が身につくと実感しました。

　また、他教科では「この子はできない、学力が低い」と言われている子が高点数を取ることがありました。これには驚きました。もちろん、みんなが、常にモチベーションが高いわけではなく、ムラがあります。でも、普段は「ダメだ」と言われている子が点数を取れるとうれしいですね。

佐藤ひな子教諭　埼玉県・理科

　９クラス中２クラスを１年間担当。『学び合い』で特に集団が成長したク

ラスは平均点が1学期の後期試験からは学年（9クラス）で1位になりました。個々人の成績を見ると、低得点層も少なくなり、3回目の考査で1回目より30点上昇した生徒も。「クラスの学びの雰囲気がよい」と同僚から言われました。学びの風土のようなものが醸成できたと感じています。

鍋田修身教諭　元東京都・理科
　前任校で担当した「生物基礎」は年間の全ての授業を『学び合い』のセオリーで実施した。年度末に行われる学力スタンダード到達度テストで、2年連続して、従来型の他の授業科目に比べ、グループ（同一学力程度の学校を同一グループとする）平均点より校内平均点が5点ほど高かった。『学び合い』に疑問を持つ管理職からも「結果を出した」ことで認めてもらうことができました。

波多腰啓教諭　長野県・理科
　生物（5単位）の授業です。『学び合い』を初めて3ヵ月。
　クラス平均点が65点、69点、71点と、考査ごとに上がりました。特に顕著だったのはN君でした。1学期の中間考査で学年最下位の44点だった彼は、その後のテストで点数を伸ばし、3学期の期末考査では90点（学年9位）まで点を伸ばしました。

神谷一彦教諭　埼玉県・社会
　一斉授業では寝てしまうような生徒がすぐにイキイキと勉強し始めました。それよりもうれしかったのは、コミュニケーションが得意ではなく、クラスで孤立しがちな生徒が、ゆっくりとつながる力をつけていく姿でした。「1学期…深めるために自分で考える。2学期…自分の考えを周りと共有する。3学期…周りの人と一緒に課題をやる。充実感がアップした」ある生徒の1年間の振り返りです。

関谷明典教諭　新潟県・社会

　前任校では『学び合い』を２年生の５月から初めてトライして６ヵ月後、秋の進研模試の成績が、前年度に自身が担当し講義法で授業を行っていたクラスと比べて、得点として約６ポイント、偏差値として約４ポイント上昇しました。特に成績が中より下の子どもが激減したため、その分全体の成績が向上しました。

　現任校（この学校は模試を定期的に受けていません）では、１年生世界史Ａの授業において１学期まで従来の講義で行い、２学期末まで『学び合い』で行った際に、１学期の中間・期末テストの学年平均が約６ポイント（最低点は約20ポイント）上昇しました。特に講義では寝てばかりで授業を聞いていなかった生徒が授業中に寝なくなり、成績が上がるようになり、赤点の生徒の割合も減りました。

▶ 成績向上のためのワンポイント・アドバイス

　ここでご紹介した方々は、本書及び関連書籍に書かれている通りの『学び合い』の手法でアクティブ・ラーニングを実践された方ばかりです。

　初心者がアクティブ・ラーニングで成績を上げるためには、先人が積み上げた方法をまずはそのままやることが大事です。剣道の場合は素振り、テニスは壁打ちのような基本練習が大事です。最初から我流ではうまくいきません。

　半分は従来の一斉授業、半分はアクティブ・ラーニングのような中途半端なアクティブ・ラーニング（？）では絶対に成績を上げられません。しかし、書いてある通りにやれば確実に成績を上げられます。

子ども同士の
説明のほうがわかる

▶︎「わかっている人ほど教え方がうまい」という誤った前提

　前項を読んでいただくとわかるとおり、アクティブ・ラーニングをすると明確に成績が上がります。なぜでしょうか。

　日本の教員養成、教員再教育は誤った前提に立って構築されています。その前提とは「教師はわかればわかるほど教え方はうまくなる」というものです。一見正しいようですが、認知心理学のエキスパート・ノービス研究の結果からいえば誤りです。そんな難しいことを引き合いに出さなくても「専門家の話は難しい」と表現すればわかりやすいでしょう。

　大学での講義を思い出してください。壊滅的にわからない講義があったでしょう。なぜそんな講義があるのかといえば、わかりすぎている大学教師にとっては学生が何を理解できないのか想像がつかないからなのです。

▶︎「国道って道のこと？」と聞く子がいたら？

　アクティブ・ラーニングでは子どもたちは自分の疑問を率直に語ります。そのため、教師は子どもがどんなことがわからないのかがわかります。あるとき「国道って道のこと？」という子ども同士の会話がありました。最初はあっけにとられました。なぜなら「国の道」と書いて国道であることは当たり前すぎるからです。しかし考えてみればそのような疑問が出るのも当然です。たとえば西郷隆盛の銅像のある東京の上野は

原っぱでしょうか？　違います。しかし、「でも、上の野と書いてあるじゃない」と言う人がいたらみなさんはどう思いますか？　我々は国道が道であることは国の道で理解したのではなく国道という言葉で理解したのです。その後に、県道、市道との違いから国の道と理解しました。おそらく自動車運転免許を取得し、自分自身で運転するようにならない限り国道という言葉を使いません。だから国道を知らない子がいても不思議はないのです。

　ある時、大学生（彼はいま、小学校教員をしています）に「さんかいの珍味」という言葉の意味を聞きました。彼は「太平洋、大西洋、インド洋の珍味」だと言いました。考えてみれば大学生が山海の珍味なんていう言葉は使いません。

▶ 子どもって誰？

　先生方は「一番わかりやすい説明」という言葉を使います。その人に「誰にとってわかりやすいのですか？」と聞くと、「子ども」と答えます。しかし、子どもは一人ひとり違います。子どもの能力はさまざまなのです。どんな説明でも結構です。クラスの名簿を使って、その説明が一番わかりやすい」かどうかを一人ずつ確認してみてください。すると、そう感じている子はさほど多くはないことがわかります。

　あなたがどう教えていいか全然わからない子どもにとっては、あなたの説明より、つい最近まで全然わからなかった「ちょっとわからない子」の説明の方がわかりやすいのです。確かにあなたの説明のほうがレベルは高いでしょう。しかし、教育は言った板書したではなく、相手にどれだけ伝わったかのほうが重要なのです。あなたは100を語ったけれど、相手の子どもは5しかわからなかったとします。一方、ある子どもが20を語り、相手の子どもが10わかったとしたら、どちらのほうがよいのでしょうか？

学力向上の
最大のポイント

▶ やる気がなければ教材に意味はない

　バカバカしいくらい当たり前のことを書きます。それは当人が学ぼうとしない限り、どんな教材もどんな指導も効果がないということです。逆に当人が学ぼうとするならば、どんな教材でもどんな指導でも効果が上がります。当人が学ぼうと決意して初めて、教材や指導の善し悪しが問われるのです。学ぶ気がなければどんなものも無駄です。
　当たり前ですよね。
　クラスのなかには教師が何も言わなくてもやる気満々の子どもがいます。そして、教師が何を言ってもやる気のない子どもがいます。そして中間層はそれなりに指導すればやる気を持ちますが、持続力はそれほどではありません。

▶ 実験を実験として見ていない子どもたち

　私が高校教師だったとき、炎色反応（金属イオンを炎のなかに入れると特定の色の光が出ます。それによって金属イオンの特性がわかります）の実験をしました。普通の実験ではインパクトがないので、かなり大々的な実験をしました。さながらマジックショーのようでした。当然、子どもたちには大ウケです。そして試験をしました。結果はさんざんでした。そこで試験後に、なぜあれだけ実験したのに問題が解けなかったのかを聞きました。ところがクラス中の子どもは炎色反応の実験はして

いないと言い張るのです。そこでゆっくりと実験を説明すると、子どもたちは「ア！」と言いました。そして、「あの赤くなったり、青くなったりした実験のこと？」と言ったのです。彼らにとって炎色反応の実験はマジックショーに過ぎなかったのです。

▶ 子どもにとって一番楽しいこと

　おもしろ話、おもしろ実験は教材に味付けをするようなものです。味付けが強ければ子どもは喜びますが、素材の味はわからなくなるのです。
　人間にとって一番普遍的に興味・関心があるものは何でしょうか？
　それは人間です。人間は人間と関わることが大好きです。だからどんな教材であっても人と関わることによって楽しくなります。思い出してください。最近盛り上がった話題は何でしょうか、冷静に考えればたわいもないことだと思います。
　小学校3年生の私は一日中、ずっと消しゴムを机にこすりつけて消しゴムのかすを作っていました。なぜかといえば、それを集めて団子にして同級生と大きさを比べるためです。
　同級生と比べる、ただそれだけで、私は消しゴムのかすを集め続けるというバカバカしくておもしろくもない作業を一日中続けることができたのです。
　今後教科について、子ども同士で関わり合う時間が増えれば増えるほど、子どもたちは喜んで教科について取り組むようになるでしょう。

アクティブ・ラーニングでは全員が学びに参加する

▶ 私語に耳を傾けてみれば

　人と関わることは楽しいことです。子どもたちを自由に関わらせると遊び始めると予想すると思います。しかしアクティブ・ラーニングではそれが起こりません。なぜならばアクティブ・ラーニングでは「一人も見捨てずに」ということを強調し続けるからです。そのため、必ずしも気が合っていない相手と話し合うからです。

　気の合った相手だったら、延々と楽しくしゃべることができます。ところがそうでない人の場合、すぐに話題が尽きてしまうのです。

　たとえば、学校の慰安旅行に行って宴会に出席したとします。幹事の人が、「本日は学校の話はやめましょう」ということを求めたとしたらどうなるでしょうか？　話題を探すのに苦労すると思います。

　50代同士だったら病気の話で盛り上がるかもしれません。しかし、そんな話を聞き続ける20代がいると思いますか？　結局、どんな年代、性別であっても共通に話せる話題は職場の話なのです。

　子どもにとっての職場の話とは、それは勉強の話です。

　アクティブ・ラーニングにおける子どもたち同士の会話を記録、分析しました。その結果、子どもたちは、最初は勉強とは関係のないたわいもない話をします。しかし、しばらくすると勉強の話が中心となります。先に述べたようにたわいもない話を続けると、いつか話題が尽きてしまうのです。そのため、楽しい会話を継続するために勉強の話をするようになるのです。ただし、勉強の話が延々と続くのではありません。その

合間合間にたわいもない話で盛り上がり、笑い合うのです。

職員同士の楽しい話を思い出してください。公務に関する真面目な話をしても、合間合間にバカ話が入ります。そして、公務の話になり、バカ話になりと、両者が周期的に変わります。アクティブ・ラーニングでの会話はそのようになるのです。

遊んでいる子どもに「いっしょにやろう」と声をかけたとします。周りがみんな楽しげに勉強しているので、その子は仲間に入ったとします。ところが楽しそうに見えても、子どもたちの会話は勉強についての話が主です。したがって、他の子どもと話すためには勉強に参加するしかないのです。

▶「一人も見捨てずに」が学力を伸ばす

「一人も見捨てずに」というアクティブ・ラーニングでの原則は、アクティブ・ラーニングのあらゆる面で最も大事なポイントです。

一人も見捨てないということを常に求め続けることによって倫理的能力を高めます。そのことによって初めて教科学習がアクティブ・ラーニングになるのです。一人も見捨てないという高いミッションを掲げることによって、集団内のエゴを抑え、集団としての凝縮力を高めます。子どもは一人も見捨てないことを求められることによって、必ずしも親しくない相手とも関わることを学びます。そして、そのような人と関わり続けるために、学修を継続することになります。

そのような経験を通して、一人も見捨てないことを掲げることは「徳」ではなく、自分にとって「得」であることを学びます。それこそが大人になることです。

そして、学力が向上するのです。

成績を上げる
アクティブ・ラーニング
の指導

▶ 教師は「まとめ」をするより、語るべきことがある

　いままでの授業の場合、最後に何人かの子どもを指名し答えさせました。また、その日学んだことを黒板にまとめて書きました。ところがアクティブ・ラーニングの場合はまとめは不要です。それよりも、部活の最後のまとめと同じように、その日の授業でどのように課題達成に向かっていたかを評価し、よいところはほめ、次の授業で乗り越えるべきことを語りましょう。

　そのほうが成績が上がることを断言します。

　何人かを指名して答えさせたり、その日の課題をもう一度確認したりするよりも、クラス全員が達成できたかどうかを振り返り、子ども自身に今後どうすればいいかを考えさせるほうが、ずっと成績は上がるのです。

▶ 友だちを見捨てないことを何度も語る

　まとめをするのは子どもが本当にわかったかを確認するためです。

　しかし、そもそもいまのまとめで評価できるでしょうか？　たとえば2、3人の子どもを指名して答えさせたり、1問程度の小テストを全員にしたところで、全員がすべて本当にわかったか判断できるでしょうか？

　こう考えると、かなり甘い評価であることは明白です。では、どう

やったら本当にわかったか否かを判断できるでしょうか？

　我々が、ある子どもがわかったか否かを判断しようとしたら、その子と対話するはずです。しかし、教師に30人以上の子どもと対話することはできません。ですから、子どもが他の子どもが本当にわかったか否かを、対話を通して確認するようにさせるのです。

　教師がとる方法は二つです。机間巡視の際に「あ、いいかげんだな〜」というノートが見つかったら、「この時間の課題は真に理解することだよ。友だちが本当にわかったかを確認することが大事だよ。本当にわかっていないことを知っているのに、そのままにしているのは友だちを見捨てていることになるよ」と言うのです。もし、それに反応して正す姿を見せたら授業の最後にほめてください。

　テストをしたとき、結果が悪かったとします。その場合は以下のように語ってください。
「今回のテストでは４番の問題の成績が悪かった。４番ができた人、手を挙げてください。すごいね。立ってみて。さて、立っている人は周りを見て、これだけ座っている人がいる。座っている人は周りを見て、これだけ立っている人がいる。

　さて、この４番は先週の火曜日にみんなに解いてもらった問題とほぼ同じだよ。そのときの課題はこうだよ（用意したプリントを黒板に貼る）。さて、先生の記憶だと、その日は全員達成した。しかし、今回のテストではダメだった。なぜだろう？　おそらく、みんなはわかっているはずだ。立っている人は何かが足りなかった。座っている人も何かが足りなかった。これからの学修ではそれを乗り越えよう」と語ってください。おそらく立っている子どもの何人かの心には響くはずです。このような声がけによって徐々に集団をつくり上げるのがアクティブ・ラーニングです（このような言葉がけのテクニックに関しては書籍に整理されています。本書巻末の読書ガイドをご参照ください）。

子どもに時間を
与えるほど成績が上がる

▶ 効果を上げたければ、子どもに時間を与えること

　教師は教えたがりです。子どもにできるだけ教えたいと思いがちです。そのため、本書で「教師の課題を与えるときの説明は5分以内に」と書いても、「ベースになる知識を最初に与えたいから」と説明を延ばす教師も多いでしょう。

　しかし、教師の語る時間は極力少なくすることです。そして、その時間も子どもたちが関わり合い、最後の最後まで課題達成に向かう時間に充てるべきです。

　アクティブ・ラーニングでは、最初はわかる子が5人であっても、その5人の子が他の子に教えると、わかる子が10人になります。その10人が教えて、わかる子が20人になります。その20人が残りの子をじっくりと教えます。つまり時間とともにわかる子が幾何級数的に増えるのです。したがって、逆に言えば時間を少しでも減らせば、効果は激減します。

　どうしても学ぶべきことを確認したいならば、プリントに書いて配ってください。成績上位者はそれで確認ができます。そして、成績上位者はそのプリントを使って成績中位者、下位者を教えます。

▶ 教師が語るべきことは、ときにはじっくり語る

　とはいえ、教師が語る時間が常に5分しかないというのでは、子どもに「倫理」を伝える時間がなくなってしまいます。

アクティブ・ラーニングの最初の授業を始めるとき、あるいはクラスをリードしている2割の動きが悪いとき、クラスの課題が見えてきたときには、じっくり時間をとって、なぜ「全員で全員達成をめざすべきか」を、教師自身の言葉で語るべきです。

▶ まずは週1のアクティブ・ラーニングから

　まずはアクティブ・ラーニングを始めましょう！　しかし、理屈がわかったとしても不安ですよね。いいんです。それが普通です。ここまでで述べてきたようにアクティブ・ラーニングは教師の心で子どもを動かす授業です。もし、あなたが不安で不安で仕方がないならば、その不安は表情・仕草に表われ、クラスをリードする子どもに見透かされます。

　まずは週に1回、2週間に1回で結構です。そこから始めましょう。それだったらできると思います。

　しかし、その際は中途半端なアクティブ・ラーニング、つまり20分間はしっかり教えて、それからアクティブ・ラーニングに入るという授業は絶対にやめてください。本書で紹介した基本通りにやってください。

　本書に書いた方法や、巻末の読書ガイドに書かれているノウハウは、学術研究と実践で多くの人が数十年かけて確立したものです。初心者は基本通りに始めることが、成功への一番の道です。

コラム

削りこむと核心が見えてくる

　マラリアの特効薬がどのように発見されたかという物語（寓話）は示唆的です。近代医学でもマラリアは大変な難病でした。研究者はマラリアの流行地域に入り、呪術師による治療を調べました。多くは気休め程度のものでした。ところが、ある呪術師の治療はハッキリとした効果があったのです。そこで、その呪術師の使っている薬草を調べたのです。数十の薬草の効能を調べたのですが、実際に効果があるのはたった一つのキナ（キニーネの原料となる樹皮）だけで、他は効能がありませんでした。呪術師としては最終的に効果が出れば十分だったので雑多な薬草を混ぜ合わせたのでしょう。しかし、それではキナの重要性に気づいていません。そのため、キナを入れずに薬草を調合する場合もあります。当然、効果がなくなります。

　いままで教師はさまざまな手立てを積み上げることによって授業改善を行ってきました。積み上げれば積み上げるほど、授業がよくなると考えていました。そして、手立てが多ければ多いほど引き出しが多くなり、さまざまな状況に対応できると考えていました。『学び合い』のアクティブ・ラーニングはそれとは真逆なのです。

　優れた実践をじっくりと観察し、分析して、一つひとつを削りました。削って実践し、その効果が残ったかを検証しました。それを数十年間かけて芯を見いだしたのが現在の姿です。一見、いままでの授業とは違うように見えますが、実はいままでの授業で大事にしていたことを純化したものなのです。

第4章

これから求められる教師の職能とは？

　教師の職能とは何でしょうか？
　当然「深い教材理解」「子どもを見取る力」は必須でしょう。
　でも、本当にそれだけでしょうか？
　みなさんが小学校、中学校、高校で教えてもらった先生を思い出してください。好きな先生、尊敬できる先生はいたと思います。同時に、嫌いな先生、尊敬できない先生もいたでしょう。では、どこに違いがあったのでしょうか？　教材理解の差ですか？　見取る力の差ですか？
　違うと思います。
　我々は教師の「人」を見ていたのです。

アクティブ・ラーニングは時代の必然

▶ 一斉授業というスタイルが生まれた背景

　アクティブ・ラーニングは言語という高度のコミュニケーション手段を持った群れる生物が、数百万年の生存競争のなかで洗練してきたものです。意外かもしれませんが、人類の歴史のなかで一斉指導が制度化したのは、近代教育制度が成立した200年弱だけです。それ以外の数百万年はアクティブ・ラーニングで人類は過ごしていました。

　近代になると、身分制度が崩壊し、個々の身分や職業とは別個の組織的な学習の場である学校が成立します。

　当時、書物は高価でした。コピー機もありません。学校で教える知識・技能を持っている人は、高学歴の一部の人だけです。一人の教師が数十人の子どもを教えるとしたら、一斉指導しか方法がなかったのです。

　板書というのも、書物が高かったことからの便法なのです。教師が本を持ち、板書します。子どもはそれを手で写すのです。板書は高邁な教育理論や理念によって成立した教育法ではなく、一人の教師が多数の子どもを教えるという一斉指導の当時の時代の必然だったのです。

　つまり、教師の発問や板書が中心である現在の授業は、明治初期の異常な状態に対応するための、異常な教育だったのです。それは人類の数百万年を超える歴史のなかで200年弱しかなかったものです。そして、現在においても学校以外の教育の場（たとえば職場）ではアクティブ・ラーニングの手法がとられています。そして、学校においても部活指導はアクティブ・ラーニングで行われています。少なくとも、安易にメン

バーを切り捨てない職場や部活で、一定以上の成績を上げているところの教育はアクティブ・ラーニングで行われています。

一斉授業に縛られなくてよくなった現代

　時代は変わりました。塾・予備校などの学校以外の教育施設が一般化し、本は安価になりました。通信教材も充実し、地方でも高度な教育を受けることが可能になり、事実、利用者は少なくありません。高等教育が一般化し、高校教育・大学教育を受ける人が多くなりました。

　そして日本の教科書は優秀ですし、副読本・参考書は多様です。インターネットで多様な情報に触れることができ、その結果として、学校で学ぶ知識・技能を持っている「子ども」、また、自力で解決できる「子ども」が出現するようになりました。

　アクティブ・ラーニングはそのような「子ども」の存在を前提にしています。いまから50年前にはアクティブ・ラーニングは不可能（もしくは困難）だったと思います。そして、現在においても発展途上国では困難だと思います。しかし、現在の我が国においてアクティブ・ラーニングは必然となります。

　さらに、いまの保護者は自分の子どもの学力保障がなされていないとクレームを言い出します。自分の子どもが安心できる環境を保障しないとクレームを言い出します。それが行きすぎた人をモンスターペアレンツと呼ぶ場合がありますが、保護者の心情としては理解できます。そして、問題があれば納得するまで教師・学校に問い合わせを求める保護者は多くなっています。

　いま、文部科学省のやろうとしている大学入試改革や教育改革についても、教師以上に詳しい保護者も少なからずいるぐらいです。アクティブ・ラーニングについて対応しない教師がいれば、保護者が黙っていない時代です。

よい子の反乱

▶ 革命と学級崩壊は同じ

　世界の歴史のなかで反乱は何度も起こりました。しかし、烏合の衆の反乱程度であれば、現政権が一つひとつ潰してしまいます。しかし、支配層のなかでも高い教養と地位を持った人が、大義名分を立てて集団を糾合し、組織的に支配者を攻撃するとき、支配者は倒されます。

　学級崩壊がこれと同じなのです。

　学級崩壊したクラスを見れば傍若無人な言動をする子どもに目がいくでしょう。しかし、そのような子はどのクラスにもいます。ただ、学級崩壊したクラスでは、頭のよいオピニオンリーダーの子もその子に対して「やれやれ、もっとやれ」とけしかけるから傍若無人な言動がエスカレートするのです。実は学級崩壊は、勉強する「よい子」が教師を見捨てることで起こるのです。これが「よい子の反乱」です。

▶ 超進学高校での反乱

　考えてみれば、いまから30年以上前に「よい子の反乱」の話を聞いたことがあります。大学の同級生の実習先である超進学高校の生徒は、初対面の教師に対して超難問の受験問題を質問し、それに答えられないとバカにします。そして、その教師の授業中に露骨に自習をし始めます。もし、そのことを教師が注意すれば、超難問の問題を立て続けにいろいろな子どもが質問し、徹底的にいたぶることになります。そして、それ

を見ている中間層が安心して自習をし始めるのです。きわめて整然とした、静かな学級崩壊です。これは超進学校ではそれほど珍しくないことです。

▶ 今後、起きるかもしれないこと

　今後はさらに危ういと思います。ある日、高学歴で専門職の保護者が数人一緒になって校長に面談を申し込みます。「クラスにはさまざまな子どもがいます。担任の〇〇先生が成績の中位の子に合う授業をするのは当然です。しかし、我々の子どもは〇〇大学を受験しようとしています。現状の授業ではレベルが合いません。そこでタブレット端末を授業中に利用し自習させてください。〇〇先生の授業を邪魔しません。ぜひお願いします」と丁重に申し入れるのです。

　校長は学校は勉強をするだけではなく、人間性の成長のためにあると言うかもしれません。しかし、保護者は「〇〇先生の授業のどこに人間性の教育があるのでしょうか？」と聞くでしょう。校長が言えるのは「対応を考えたいので時間が欲しい」というぐらいです。結局、学校は保護者の申し出を認めるということになります。

　そうなるとクラスのなかで勉強のできる子どもはタブレット端末で勉強をすることになります。さて、中間層の子どもと保護者はどう思うでしょうか？　結局、ほとんどの子どもがタブレット端末を利用し、教師の授業を無視して勉強します。結果としていままでよりも個に応じた教育を受けることができるのです。こうしたことが、日本中に起こる可能性があります。

　個人が自分の点数を上げられさえすればいいという前提に立つなら、このＩＴ社会のなかで教師は不要な職業になる可能性が高くなります。そうでない教育をしたい、そうでない教師でありたいと望むなら、アクティブ・ラーニング授業をやれる学校、やれる教師になるしか、道はないのです。

アクティブ・ラーニングが教師を救う

▶ 忙しい教育現場

　近年、教員の労働状況を調査した報告書『授業準備と子どもと向き合う時間こそ〜教職員労働国際比較研究委員会報告書』（国民教育文化総合研究所、2009年）によれば平均的な教員の姿は以下の通りです。「起床時刻は5時48分。家を出るのは7時11分、通勤時間は25分で、7時36分には学校に着く。教員は職員室に行き身支度を整えた後、授業準備、書類の整理、部活指導、校門指導などにとりかかる。実際の仕事開始である。子どもが教室に揃った8時18分から朝礼、朝の会、朝学習・読書の指導をする。1時間目の授業は8時40分くらいからになる。時間割上の授業が終わった後での掃除指導や帰りの会などが終了する時間が16時03分。その後、教員はクラブや部活の指導、採点や成績つけ、書類作成などの仕事をこなす。学校を出るのはその3時間後の19時02分（原典の誤記を一部修正）である。その間に休憩をとっている時間はたったの20分間である。帰宅に要する時間は朝より長くて30分だから自宅には19時32分着で、就寝までの帰宅後の時間は3時間53分、就寝時刻は23時25分となっている。睡眠時間は7時間に満たずに6時間23分である」

　これが学校の先生の実情です。フィンランドの教員の労働時間は6時間16分（日本11時間6分）で睡眠時間は7時間43分（日本6時間23分）です。フィンランドでは月あたりの文書作成は5.7回なのに対して、日本のそれは22.8回と極端に多い状態です。

▶ 年齢バランスの崩壊

　こうした多忙により、学校の教師の教育力が低下しています。さらに現在の教職員の年齢分布は20代と50代の多いフタコブラクダのような形状を示しています。世代が離れすぎ、関わりが少なくなります。

　現在、指導能力不足で分限処分を受けている教師は、新任ではなく40代の教師です。20年使えた自分の指導法が使えなくなり、改善できずに潰れていってしまったのです。ベテランは若い教師に教えつつ学び、自分の指導を改善するものです。ところが、若い世代と交流できないと、古い指導を続け、結果として指導力不足になってしまいます。

　以上のような結果、自分に限界を感じている教師が増えました。

▶ アクティブ・ラーニングには教師を救う力がある！

　こんな状況を改善できる魔法のような力を、アクティブ・ラーニングは持っています。アクティブ・ラーニングに取り組み始めた教師の多くが、「子どもに考えさせ、任せることが多くなった分、無駄な指示や指導がいらなくなって、ラクになった」と言います。**アクティブ・ラーニングに取り組んだおかげで、5時に必ず帰るという仕事スタイルになった教師もいます**。問題もクラスの子どもたちと一緒に解決できるので、教師が物理的にも心理的にも楽になるのです。

　さらに、合同アクティブ・ラーニングを実施できれば、ベテランと若い世代が互いに指導スタイルを学べ、交流も生まれます。実際に学校全体で合同アクティブ・ラーニングに取り組んだ学校は「職員間の風通しがよくなった」と言います。

　いままでのことを捨てて、新しいことに取り組むというのは大変な決意が必要です。しかし、トライしてみれば、ありあまるメリットがあります。とくに教師自身がラクになれるのです。

これからの教師の職能

▶ アクティブ・ラーニングのデメリットを考える

　多くの人から、『学び合い』のアクティブ・ラーニングのデメリットは何ですか？　と聞かれます。困ったことに、それがないのです。もちろん、アクティブ・ラーニングはパーフェクトではありません。しかし、相対的には現状よりはあらゆる面で「まし」です。

　理由は簡単です。現状の教師が社会から期待されていることを実現するには一人では不可能です。だから、一人で背負うのではなく、クラスのみんなで背負おうというアクティブ・ラーニングの方が「まし」なのです。アクティブ・ラーニングで問題が生じるように見えるような場合があります。しかし、冷静に考えてください。おそらく、成績が前より悪くなるということはないと思います。人間関係が悪くなったように見えたとしても、それはクラスの現状が見やすくなっただけのことです。悪くはなりません。まがい物ではなく、本当にアクティブ・ラーニングをやれば、少なくとも「まし」になることは自信を持って断言します。

　しかし、何かを売り込むとき、すべてに優れていると言うよりも「ここは駄目ですが、ここは優れています」とセールストークするほうが有効なのは明白です。ですので、10年弱、一生懸命に考えました。おそらく三つあります。

▶ 第一　「なんとなく」ではできない

　第一は、「なんとなく」授業ができなくなる点です。たとえば国語の先生に、「今日の授業の目的は何ですか？」と聞くと、「深い読み」とおっしゃる方がいます。そこで、「深い読みができるようになったのか否かを、何で判断されるのですか？」と聞くと、言葉に詰まります。そして、それを評価するのは難しいと言われます。

　授業には目標があり、その目標を達成するために評価があります。つまり、「目標＝授業＝評価」なのです。したがって、評価が難しい・できないということは、目標があいまいであるか、目標がないということです。ということは授業ではない、ということなのです。

　アクティブ・ラーニングでは、授業の最初に子どもたちに目標を言葉で伝えなければなりません。それも子どもたちが何をすべきかハッキリわかるようにです。

▶ 第二　闇を見る

　第二は、クラスの闇を見なければならない点です。従来の授業では、子どもは静かにイスに座っています。その状態では自分のクラスには問題がないように見えます。ところが、アクティブ・ラーニングでは子どもが自由に動き、話すのです。その結果、自分のクラスにイジメがあったり、孤立した子どもがいたりする場合、それがハッキリ見えてしまうのです。これを１校時じっと見続けるのは教師にとって相当辛い。それが毎時間続くのです。

　しかし、その闇はアクティブ・ラーニングによって生じたのではありません。もともとあった闇が顕在化しただけのことです。その子はアクティブ・ラーニングを始める前も、始めた後も苦しんでいます。仮にアクティブ・ラーニングをやめても苦しみは続きます。アクティブ・ラーニングをやめて闇を見ることの苦痛がなくなるのは子どもではなく、教

師なのです。

> 第三　説明責任

　第三に、自分のやっていることを説明しなくてはならない点です。授業スタイルがガラッと変わります。保護者に対して、いままでの説明は利きません。保護者が納得する説明は「結果」なのです。

> 本来の教師の職能

　以上がアクティブ・ラーニングのデメリットです。しかし、三つとも、本来、教師がやるべきことではないでしょうか？
　教師であれば、いまの授業は何を達成すべきであるかを理解すべきです。また、クラスの闇が見えるからこそ、次の一手が見えるのです。教師が見つけなければ、その闇のなかで苦しみ続ける子どもがいます。そして、自ら何を求め、何をしているかを人に説明する覚悟を持つべきだと思います。
　しかし、現状ではそれをしなくても生きていけるのならば、避けたくなる気持ちも当然です。そして、それを乗り越える覚悟は大変だと思います。アクティブ・ラーニングを実践するのに一番難しい（いや、唯一難しい）のは、一歩前に足を踏み出すことです。
　しかし、その一歩を踏み出すことが、いま、これからの教師にとってもっとも必要な職能になるでしょう。これからの教師に必要な職能は、ここで挙げた三つのポイントを押さえた上での、アクティブ・ラーニング授業ができるようになるということになっていくでしょう。
　本書を読むすべての教師の方が、その素晴らしい一歩を踏み出してくださることを願っています。

読書ガイド～あとがきにかえて

　本書は『学び合い』によるアクティブ・ラーニングをご紹介しました。しかし、『学び合い』自体の説明は紙面の関係で省略しております。
　『学び合い』はシンプルな理論であり、実践です。日本中の小中高大のさまざまな人が実践しています。そして、学校段階に関係なく一致した結果を出せます。起こり得る失敗は出尽くしており、その対策も整理し尽くされています。それらは私だけではなく、日本中の何千人もの実践者の知の蓄積です。そしてそれらは書籍にまとめられています。
　まず、『学び合い』の素晴らしさを学びたいならば**『クラスが元気になる！　『学び合い』スタートブック』（学陽書房）**がお薦めです。
　『学び合い』のノウハウを全体的に理解したならば、**『クラスがうまくいく！　『学び合い』ステップアップ』（学陽書房）**と、**『クラスと学校が幸せになる　『学び合い』入門』（明治図書出版）**をご覧ください。さらに合同『学び合い』を知りたいならば**『学校が元気になる！　『学び合い』ジャンプアップ』（学陽書房）**をご覧ください。
　子どもにそんなに任せたら遊ぶ子が生まれるのではないかと心配される方もおられると思います。当然です。確かに初期にはそのような子も生まれます。しかし、どのような言葉がけをすれば真面目になるかのノウハウも整理されています。そのような方は**『気になる子への言葉がけ入門』（明治図書出版）**をお読みください。手品のタネを明かせば、当たり前のことによって『学び合い』は構成されていることがわかっていただけると思います。『学び合い』では数十人、数百人の子どもを見取ることができます。そのノウハウは**『子どもたちのことが奥の奥までわかる見取り入門』（明治図書出版）**をご覧ください。

しかし、そのレベルを高めるには課題づくりのテクニックが必要となります。それは**『子どもが夢中になる課題づくり入門』『簡単で確実に伸びる学力向上テクニック入門』**（いずれも明治図書出版）に書きました。

『学び合い』のノウハウはさまざまな場面で有効です。

　特別支援教育で『学び合い』をするためには**『『学び合い』で「気になる子」のいるクラスがうまくいく！』**（学陽書房）、言語活動を活性化させるためには**『理科だからできる本当の「言語活動」』**（東洋館出版社）という本をご用意しました。また、ICTの『学び合い』に関しては**『子どもによる子どものためのICT活用入門』**（明治図書出版）をご用意しました。

　また、信州大学の三崎隆先生の**『『学び合い』カンタン課題づくり！』**（学陽書房）、**『『学び合い』入門　これで、分からない子が誰もいなくなる！』**（大学教育出版）、『これだけは知っておきたい『学び合い』の基礎・基本』（学事出版）が出版されています。また、水落芳明先生、阿部隆幸先生の**『成功する『学び合い』はここが違う！』『だから、この『学び合い』は成功する！』**（いずれも学事出版）があります。また、青木幹昌先生の**『成功する！　『学び合い』授業の作り方』**（明治図書出版）があります。

　いま、日本中に『学び合い』が広がっています。ぜひ、実際の『学び合い』の姿を見ていただきたいのです。日本中で『学び合い』を学ぶ人が集まる『学び合い』の会があります。また、『学び合い』の授業公開が頻繁に開かれています。ぜひ、機会を設けて参加してください。

上越教育大学教職大学院教授

西川　純

著者紹介

西川 純（にしかわ じゅん）

1959年東京生まれ。筑波大学教育研究科修了（教育学修士）。都立高校教諭を経て、上越教育大学にて研究の道に進み、2002年より上越教育大学教職大学院教授、博士（学校教育学）、臨床教科教育学会会長。全国に『学び合い』を広めるため、講演、執筆活動に活躍中。主な著書に『クラスが元気になる！『学び合い』スタートブック』『クラスがうまくいく！『学び合い』ステップアップ』『学校が元気になる！『学び合い』ジャンプアップ』『『学び合い』で「気になる子」のいるクラスがうまくいく！』（いずれも学陽書房）ほか多数。（メールアドレスは jun@iamjun.com です。真面目な方からの真面目なメールに対しては、誠意を込めて返答いたします。スカイプでつながることも OK です）

すぐわかる！できる！
アクティブ・ラーニング

2015 年 8 月 12 日　初版発行
2015 年 8 月 31 日　3 刷発行

著　者	西川　純（にしかわ じゅん）
発行者	佐久間重嘉
発行所	学陽書房

〒102-0072　東京都千代田区飯田橋1-9-3
営業部　　　　TEL 03-3261-1111／FAX 03-5211-3300
編集部　　　　TEL 03-3261-1112
　　　　　　　振替口座　00170-4-84240

装丁／スタジオダンク　イラスト／大橋明子
本文デザイン・DTP 制作／新後閑
印刷・製本／三省堂印刷

© Jun Nishikawa 2015, Printed in Japan.　ISBN 978-4-313-65292-7 C0037
乱丁・落丁本は、送料小社負担にてお取り替え致します。

学陽書房刊　西川 純の本

クラスが元気になる！
『学び合い』スタートブック
A5判　148ページ　定価＝本体1,800円＋税

- クラスがまとまり、楽しくなる！　子どもがどんどんやる気になる！
- 成績がみるみる上がる！
- クラスの人間関係もよくなり、教師が何よりラクになる！
- 『学び合い』の授業の始め方がわかる本！

クラスがうまくいく！
『学び合い』ステップアップ
A5判　176ページ　定価＝本体1,800円＋税

- クラスがみるみるまとまる！　クラスの最低点が80点以上に！
- クラスの人間関係もよくなり、教師が何よりラクになる！
- 全国で成果を上げている『学び合い』の授業を、自分のクラスにスムーズに導入する方法が、わかりやすく紹介されている1冊！

なぜか仕事がうまくいく教師の7つのルール
A5判　144ページ　定価＝本体1,800円＋税

- なぜか好かれる教師は何をしている？
- クラスをうまくまとめるためのルールとは？
- 激務の中で生き残るための仕事のこなし方、自分のココロザシを実現する方法まで、誰も教えてくれなかった教師の仕事のルールがわかる本！